Wilhelm Raab & Michael Raab

Die Botschaft der alten Rosenkreuzer

Wilhelm Raab & Michael Raab

Die Botschaft der alten Rosenkreuzer

Die esoterische Bedeutung der FAMA FRATERNITATIS von 1614

Inklusive Originaltexte von 1614/15

Edition Pleroma

Die Deutsche Bibliothek verzeichnet diese Publikation
in der Deutschen Nationalbibliographie; detaillierte bibliographische
Daten sind im Internet unter http://dnb.d-nb.de abrufbar.

Satz und Titelgestaltung: © Nicolas Vassiliev
ISBN 978-3-939647-64-5
www.edition-pleroma.de
www.quinque-bibliothek.de
E-Mail: gabriele.quinque@gmx.de

Inhaltsverzeichnis

EIN ALLGEMEINER ÜBERBLICK

Im Jahre 1614 erschien in Kassel die gedruckte Schrift „FAMA FRATERNITATIS, deß löblichen Ordens des Rosenkreuzes / an alle Gelehrte und Häupter Europae geschrieben" zusammen mit zwei anderen Texten in einem Buch. Diese FAMA erregte damals großes Aufsehen und gilt als die Urschrift der sagenumwobenen Rosenkreuzer, einem wichtigen Zweig der europäischen Mystiker und Esoteriker. 1615 und 1616 erschienen noch die CONFESSIO FRATERNITATIS und die CHYMISCHE HOCHZEIT CHRISTIANI ROSENCREUTZ. Der Autor ist nicht wirklich bekannt, man glaubt aber, dass der evangelische Theologe Johann Valentin Andreae der Verfasser oder zumindest der Herausgeber sei. Eine Gesellschaft oder ein Orden der Rosenkreuzer konnte damals nicht ausfindig gemacht werden. Bis in die heutige Zeit hinein gründeten sich immer wieder Gesellschaften, die sich rosenkreuzerisch nannten und nennen. Ob sie diesen Titel immer zu Recht tragen, sei dahingestellt.

Die FAMA FRATERNITATIS beschreibt den Einweihungsweg des Fr. R.C. bis zum hocherleuchteten Fr. C.R.C. In der damaligen Zeit zwischen der Inquisition und dem Dreißigjährigen (Religions-)Krieg war man gezwungen, alles symbolisch darzustellen und hinter diversen Andeutungen zu verstecken.

Im Laufe der Zeit erschienen noch mehrere gedruckte Versionen der FAMA FRATERNITATIS, die sich in einigen Details voneinander unterscheiden. Im Jahre 1615 erschien die erste Version, die einen leicht anderen Titel trug, in dem von der Entdeckung der Bruderschaft die Rede war. Die Version der FAMA FRATERNITATIS, die dieser Interpretation zugrunde liegt, ist die Version, die von Dr. med. Ferdinand Maack 1913 im Barsdorf-Verlag erschienen ist. In dieser Version hat er sich „einige willkürliche Freiheiten erlaubt", wie es in einigen Fachbüchern nachzulesen ist. Diese Version wurde aber von Fr. Erwin Watermeyer, dem Lehrer von Wilhelm Raab, ausgewählt, weil sie nach Meinung von Erwin Watermeyer den kabbalistischen und mystischen Inhalten am nächsten käme.

Schon vor der Drucklegung 1614 sind einige handschriftliche Exemplare in Umlauf gewesen. Man kann aber nicht sagen, welches die richtige oder authentische Version ist. Die Tatsache, dass eine Version älter ist, heißt nicht, dass sie auch näher am Ursprung ist. Mittlerweile sind 4 dieser handschriftlichen Exemplare wieder aufgetaucht, die aber untereinander auch diverse Unterschiede zeigen. Es zeigt sich auch, dass in den ersten gedruckten Versionen von 1614 und 1615 diverse Passagen fehlen oder andere nicht richtig oder unklar wiedergegeben wurden. Es gab nur ein einziges handschriftliches Exemplar, das keine Lücken im Text aufwies und das wohl als die „komplette" und „richtige" FAMA angesehen werden kann. Es stammt von Besold und wird in der Bibliothek von Salzburg aufbewahrt. Leider sind inzwischen acht Seiten daraus verloren gegangen. Wenn Sie also eine FAMA-Version vor sich liegen haben, können Sie also nie wissen, was daran denn nun authentisch ist und was nicht! Diese wohl dosierte Unklarheit ist allerdings typisch für echte mystische Schriften. Es ist wohl auch nicht wirklich wichtig, die „wahre Geschichte" vor sich zu haben, sondern es ist wohl Sinn der Sache, dass man den Text so von innen heraus verstehen lernt, dass man die „Wahrheit" von selber findet. Das vorliegende Buch kann ein wichtiger Baustein dazu sein. Wir haben in diesem Buch zwei Versionen der FAMA abgedruckt, nämlich die erste gedruckte Version von 1614 und die mit dem Zusatz der „Entdeckung" im Titel. Machen Sie sich selbst ein Bild! Einen kleinen Tipp geben wir Ihnen aber hier schon: Die handelnde Person wird ja nur mit den Initialen genannt, die nicht Christian Rosenkreuz bedeuten sollen. Die Initialen wechseln ständig von R.C. zu C.R und zu C.R.C. Machen Sie sich einmal Gedanken darüber, wann welche Initialen benützt werden und ob dahinter vielleicht eine tiefere Bedeutung stecken könnte.

Die gedruckte Version von 1614 erschien mit Wissen oder auf Anordnung des Fürsten zu Hessen-Cassel. Allerdings schien es so, als ob diese Ausgabe sehr hastig und schnell gedruckt worden wäre, möglicherweise ohne Wissen und Erlaubnis der Urheber. Wollte der Fürst die Rosenkreuzer aus der Reserve locken, um zu sehen, wer diese Brüder denn wären? War er ihr Feind oder ihr Freund? War der angebliche Verfasser Johann Valentin Andreae wirklich Mitglied des Urheberkreises oder war er nur das Bauernopfer oder der Frontmann? Im Literaturverzeichnis finden Sie einige Bücher, die diese Fragen vielleicht aufhellen könnten.

Waren die ersten Rosenkreuzer, wenn es sie denn überhaupt gab, christlich? In der FAMA FRATERNITATIS bekennen sie sich zur „Erkantnuß Jesu Christi", was wohl aber nicht kirchlich aufzufassen ist. In dem Text heißt es ja schließlich nicht „Bekenntnis", sondern „Erkenntnis". Die „Erkenntnis von Jesus Christus" erinnert aber an die Gnostiker und Mystiker, die höhere Kräfte und Existenzen in sich selbst erkennen wollen und damit im Widerspruch zu den Amtskirchen stehen und standen. Diese Bekenntnisse dürfen aber auch nicht verwundern, wenn man bedenkt, dass Giordano Bruno noch 1600 auf dem Scheiterhaufen verbrannt wurde und wenige Jahre nach der FAMA FRATERNITATIS der Dreißigjährige Religionskrieg ausbrach. In diesem Klima der Intoleranz ist es kein Wunder, wenn man sich als Gruppe versteckt hält und „von der Bruderschaft wegen kein gewisses Kleid trägt, sondern sich der Landesart gebraucht".

Auch die Tatsache, dass Johann Valentin Andreae evangelischer Theologe war, veranlasst einige Theologen dazu, das Rosenkreuzertum als eine soziale Vision eines evangelischen Kirchenmannes darzustellen.

Wie bereits erwähnt, ist es für echte mystische Schriften charakteristisch, dass die Frage ihrer Herkunft immer ein wenig schleierhaft bleibt.

Schleierhaft bleibt auch die Frage, ob es denn jemals wirklich Rosenkreuzer gegeben hätte. Wie bereits erwähnt, konnte man zur Zeit der FAMA keine Organisation, Vereinigung oder Bruderschaft finden, die man dem Rosenkreuzertum hätte zuordnen können. Das Rosenkreuz war in erster Linie ein Symbol für ein höheres Bewusstsein; man könnte es heute mit „Erleuchteter" oder „Erwachter" übersetzen. Einen echten Orden Erleuchteter kann man, wenn überhaupt, nur dann finden, wenn man selbst erleuchtet oder erwacht ist und wenn man in der Lage ist, jenseits dieser materiellen Welt zu suchen. Wer also tatsächlich das „Feld" der Erleuchteten gefunden oder berührt hat, kann auf das Allerwahrhaftigste und ohne Lügen sagen: „Ich habe die Rosenkreuzer gesucht, aber ich habe keinen Menschen gefunden, der von sich behaupten könnte, dass er ein echter Rosenkreuzer sei!"

Jedenfalls hat es immer wieder Vereinigungen gegeben, die sich rosenkreuzerisch nannten. Diese Vereinigungen haben folgende Merkmale auffällig gemeinsam: Sie waren nie von langer Dauer und kamen in ihrem Bestehen selten über 100 Jahre hinaus. Das zweite gemeinsame Merkmal ist, dass nie eine Verbindung oder direkte Linie gefunden oder gar nachgewiesen werden konnte. Dabei konnte man weder in der gesamten Linie von der FAMA FRA-

TERNITATIS 1614 bis heute eine Verbindung der einzelnen Organisationen und Herausgebern nachfolgender Schriften finden, noch gibt es erkennbare Zusammenhänge unter den einzelnen Rosenkreuzerströmungen.

Wilhelm Raab, der Hauptautor dieses Buches, war 34 Jahre von 1964 bis 1998 Archivar und Großmeister des AMORC, einer weltweiten logenähnlichen Rosenkreuzerorganisation. Bemerkenswert ist hier, dass unter dem Einfluss von Wilhelm Raab der AMORC im deutschsprachigen Raum eine eigene, kabbalistische Ausprägung bekam. Er brachte Dinge in den AMORC hinein, die sonst nicht in den Lehren dieses Ordens zu finden sind, nämlich die Bedeutung der hermetischen und alchymischen Symbole, den Tarot nach A. E. Waite, die geheime Bedeutung der hebräischen Buchstaben und die Interpretation der FAMA FRATERNITATIS. Wilhelm Raab erhielt sein Wissen von Erwin Watermeyer, der seinerseits hauptsächlich sein Wissen aus dem „Order of the Golden Dawn" und seinem Umfeld bezogen hatte. Bemerkenswerterweise kommen die Rosenkreuzerschriften in den Lehren des AMORC bis 1998 gar nicht vor; man hatte sich fast hundert Jahre nicht um seine Ursprünge gekümmert. Dieses vorliegende Buch entstand aus 12 Manuskripten, die Wilhelm Raab als Lehrmaterial dem Orden zur Verfügung stellen wollte. Dort wurden diese Skripte aber abgelehnt, weil man kein Verständnis für diese Dinge haben wollte. Danach kam es zu einer Trennung zwischen Wilhelm Raab und dem AMORC. Er ist jetzt im

Ruhestand und hat sich von unangenehmen Erfahrungen verabschiedet.

Das Feuer hüten, nicht die Asche bewahren

Gelegentlich wird ihm vorgeworfen, dass er hier Geheimnisse ausplaudere, obwohl er früher immer gepredigt hätte, solche Dinge geheim zu halten. Es gibt natürlich eine alte Tradition, die besagt, dass man höhere Lehren geheim halten solle. Schließlich wollte man sich weder einer Inquisition noch einem grölenden Publikum ausliefern. Jeder, der ernsthaft spirituell an sich arbeitet, macht früher oder später die Erfahrung, dass es in der Tat besser sein kann, in bestimmten Umfeldern, z. B. im Kollegenkreis, nicht über solche Dinge zu sprechen oder sich z. B. mit dem buddhistischen Mäntelchen zu tarnen, das als politisch korrekt gilt. In der Flut der Bücher und Neuerscheinungen fällt ein Büchlein mit einer winzig kleinen Auflage nicht weiter auf, anders als im 17. Jahrhundert. Zu bedenken ist auch, dass ja die FAMA FRATERNITATIS damals veröffentlicht wurde, um sich öffentlich kundzutun. Die verwendete Symbolik war den damaligen Menschen sicherlich weitaus geläufiger als uns heute. Auch in diesem Buch wird nicht das große Geheimnis ausgeplaudert, denn das, was als Geheimnis bezeichnet wird, ist etwas, das sich nicht in Worte kleiden lässt. Es ist unaussprechlich. In einem geschriebenen Text kann es nur erahnt werden. Im Taoismus heißt es: „Das Tao, das man aussprechen kann, ist nicht das richtige Tao!“ Das

Geheimnis kann nur von Mund zu Ohr weitergegeben werden, wenn der Schüler und der Lehrer dazu bereit sind, weil in einem persönlichen Lehrgespräch noch andere Dinge mitschwingen. Zum Thema Tradition sagt man im Buddhismus: „Du sollst das Feuer hüten, nicht die Asche bewahren!". Wissen zu verbergen um des Verbergens willen macht heute eigentlich keinen Sinn mehr, es sei denn, man möchte sich mit geheimem Wissen attraktiv machen.

Wenn dieses Buch nicht erscheinen würde, dann würde dieses Wissen um die Bedeutung der FAMA FRATERNITATIS einfach verloren gehen. Der Zweck dieses Buches ist es, diese Dinge, in denen das Geheimnis der FAMA auf seine Erweckung wartet, für die Nachwelt zu bewahren, auch auf die Gefahr hin, dass es in Zukunft vielleicht nur noch von historischem Interesse sein könnte.

Hier sei noch einmal eine Besonderheit dieses Buches erwähnt. Der vorliegende Text bestand ursprünglich aus 12 Manuskripten, die als Lektionen gedacht waren und die sich inhaltlich daher z. T. wiederholen. Die ersten Manuskripte wurden komplett vom Nebenautor überarbeitet, die weiteren wurden teilweise wörtlich übernommen.

Michael Raab, Karlsruhe, 2004

EINFÜHRUNG IN DIE FAMA

Im Jahre 1614 erschien, infolge der Verbreitung der Buchdruckerkunst, eine das Geistesleben in Deutschland aufwirbelnde Schrift, die sich an die Häupter, Stände und Gelehrten Europas wandte, um über die Entdeckung der Bruderschaft des R.C. zu berichten. Das damalige Geistesleben, aber auch das ganz normale Leben, stand unter brennenden Vorzeichen. Luthers Reformation hatte stattgefunden und eine blutende Wunde offenbart, die sich dann später zum Dreißigjährigen Krieg, der ein alles verheerender Religionskrieg war, ausweitete. Viele Menschen waren unzufrieden, speziell mit der vorherrschenden Religion und der Art und Weise, wie damit umgegangen wurde. Und in diese Zeit fiel die Entdeckung der Bruderschaft des R.C. und zwar im Jahre 1604.

Die Entdeckung der Bruderschaft besagt, dass diese vorhanden war und sehr sorgfältig arbeitete. Sie hielt sich verborgen, was zu jener Zeit erforderlich war, sonst hätte es Kopf und Kragen gekostet. Das aber wollte und sollte auch niemand riskieren.

Zehn Jahre später, also im Jahre 1614, erschien die anonyme Schrift FAMA FRATERNITATIS und sorgte für eine große Aufregung unter den Gelehrten und Gebildeten der damaligen Zeit. Sofort wurde die Frage aufgeworfen, wer oder was ist eigentlich diese Bruderschaft R.C.?

Wo kamen sie plötzlich her? Wer hat sie gegründet, und zu welchem Zweck wurde sie gegründet? Fragen ohne Antworten. Bereits in den Jahren 1604–1610 jedoch zirkulierten handgeschriebene Manuskripte mit dem Text der FAMA FRATERNITATIS in den Zirkeln der Weisheits- und Mysterienschulen, speziell in der Gegend um Straßburg und Basel. Wilhelm Raab selbst hat ein solches Exemplar, datiert auf das Jahr 1610, in der Bibliotheca Hermetica in Haarlem (Holland) gesehen. Der Historiker Carlos Gilly hat in seinen Veröffentlichungen berichtet, bei seinen Recherchen auf entsprechende Exemplare gestoßen zu sein. Aber erst im Jahre 1614 wurde die FAMA gedruckt und zur allgemeinen Zirkulation gebracht. Da sie anonym erschien, wusste kein Mensch, wer der oder die Autoren waren, woher sie kamen und wer die Herausgeber sein könnten. Doch die FAMA berichtete über alles dies in sehr ausführlicher Form. Nur, die Sprache, in der sie geschrieben war, konnte nicht so recht entziffert werden, denn sie war in einer nur wenigen Menschen verständlichen, verschlüsselten Sprache verfasst. Niemand kannte den Schlüssel und konnte damit umgehen.

Was berichtet die FAMA FRATERNITATIS?

Diese Schrift erzählt – in symbolischer Sprache – die Gründung der Bruderschaft R.C. von ihren Anfängen an. Auch wird darüber berichtet, wer die Gründer dieser Bruderschaft waren und zu welchem Zweck diese gegründet wurde. Das gesamte Lehrprinzip des Ordens wird mitgeteilt und was das Geheimnis der Bruderschaft ist. Alles ist in einer Symbolsprache gehalten, die nur von Eingeweihten verstanden werden kann. Trotzdem wurde die FAMA auch an andere Menschen, die der besonderen Symbolsprache nicht mächtig waren, verteilt, was natürlich deren Neugier erregte. Die Bruderschaft besitzt ein besonderes Symbol, das jeweils immer zubereitet werden muss.

Die FAMA hat gewissermaßen einen neuen Zeitabschnitt eingeleitet, gewissermaßen eine Schwelle zu einer anderen Bewusstseinsebene offenbart, die es zu erreichen gilt, um das Leben in eine andere Richtung gleiten zu lassen, die die Sucher auf dem Pfade erstreben.

Durch das Überschreiten dieser Schwelle zu einer anderen Bewusstseinsform kann der Schlüssel zu den Schätzen des universalen Gedächtnisses gefunden werden. Aber er muss mit einem besonderen Fingerspitzengefühl gehandhabt werden, damit die Strahlen des lebendigen Quells des Stromes des Lebens auch empfangen werden können. Die Gründer des Ordens sind nur mit ihren Initialen bekannt, die richtigen Namen erfährt man beim Eintritt in die Kammer des allumfassenden kosmischen Gedächtnisses. Das Alte muss intuitiv erfasst werden, um das Neue hervorzubringen. Das Alte allein nutzt nichts und das Neue allein auch nicht. „Alles ist eins“ heißt die Devise der Rosenkreuzer, die nach dem Erscheinen der FAMA FRATERNITATIS und der CONFESSIO FRATERNITATIS als solche bekannt wurden.

Die FAMA FRATERNITATIS hat damals eine ganz neue Ära eingeleitet, die das Denken der Menschen umpolen sollte. Der Dreißigjährige Krieg war die Folge, denn die vielen aufgestauten Energien explodierten, noch ehe sie in andere Bahnen gelenkt werden konnten. Es erscheint wirklich sehr schwierig für die vorausschauenden Menschen zu sein, genügend Mitstreiter zu finden, um den Sprung in die nächste Mutation des Bewusstseins zu vollziehen. Die träge Masse lässt sich ziehen, sie macht sich keine Gedanken um das Weiterschreiten gemäß der Evolution. Das war das Anliegen der FAMA, daher der Aufruf an die Häupter, Stände und Gelehrten Europas. Der Aufruf durfte aber nicht in einer allgemeinverständlichen Sprache sein, damit nicht die verkehrten Menschen mit etwas begännen, das sie noch gar nicht bewältigen könnten. Leider ist dies nicht geschehen, denn die vielen Hinweise der Reaktionen auf den Aufruf der FAMA zeigten, dass vieles missverstanden worden ist. Der Aufruf der FAMA müsste auch heute wiederholt werden, damit die Weichen für das nächste Jahrhundert gestellt würden, zum Wohle aller Menschen.

Lassen Sie uns nun mit der Besprechung der FAMA FRATERNITATIS beginnen.

Zunächst aber die sich ständig wiederholenden Fragen:
Wer sind die Rosenkreuzer?
Gibt es sie überhaupt?
Wo kamen sie her?
Wer hat diese Fraternität gegründet?

Was war der Grund und der Zweck, zu welchem die Fraternität der Rosenkreuzer gegründet worden ist?

Als die Rosenkreuzer zu Anfang des 17. Jahrhunderts bekannt wurden, waren die Wissenschaftler und die Weisen in Europa überrascht, da man doch nie etwas von den Rosenkreuzern und einer Fraternität gleichen Namens gehört oder sie nicht wahrgenommen hatte. Waren sie wirklich eine Organisation von Denkern und Philosophen gewesen, die gegen die religiösen Beschränkungen ihrer Zeit rebellierten? Oder waren sie eine abgeschlossene Einheit von Idealisten, die es gewagt hatten, doch an die Öffentlichkeit zu treten und daher ihren Namen nicht preisgeben wollten? Als man die Schrift FAMA FRATERNITATIS gelesen hatte, die an die Häupter und Stände in Europa gerichtet war, fragte man sich, wer war eigentlich die geheimnisumwitterte Person, die als der „weiland Andächtige, Geistliche und Hocherleuchtete Vatter Fr. C.R.“ benamt war? Wo befand sich das Haus Sanctus Spiritus, in welchem sie sich einmal im Jahr treffen wollten, um künftige Aktivitäten zu besprechen und um nachzuforschen, was es Neues auf der Welt gäbe, das man noch verwenden könnte oder ob sich das Wissen verflüchtigte. Eine Reihe von Fragen, auf die es ohne weiteres keine Antworten gibt, die aber durch das gründliche Lesen der FAMA FRATERNITATIS zur Beantwortung gebracht werden können.

Es gibt eine Reihe von Theorien über die Fraternität der Rosenkreuzer in der Vergangenheit. Für uns und unseren augenblicklichen Standpunkt sind wir an der Untersuchung der Theorie interessiert, wer die Brüder vom Rosenkreuz und was ihre Aktivitäten waren. Historiker glauben, dass Johann Valentin Andreae, ein deutscher Theologe aus Tübingen, der wirkliche Gründer war. Wiederum andere sind der Meinung, dass die Rosenkreuzer aus Ägypten gekommen sein müssen, ihrer eigentlichen Heimat, und dass sie wegen der dort herrschenden Verhältnisse keinen Platz mehr fanden für ein geeignetes Wirken. Historiker glauben, dass die Geschichte des Vatters Fr. C.R. eine Allegorie sei und historisch nicht interpretiert werden sollte. Diese Einsicht resultiert aus der Untersuchung aller Theorien und der zugänglich vorhandenen Aufzeichnungen über den Ursprung und die ersten bekannten Aktivitäten der Brüder vom Rosenkreuz. Dr. Franz Hartmann (1838–1912), der den Rosenkreuzern sehr nahestand, hat sie mit folgenden Worten umschrieben: „Rosenkreuzer sind Menschen, die durch den Lernprozess spirituellen Erwachens eine gewisse praktische Kenntnis der geheimen Zeichen und Symbole der Rose und des Kreuzes erlangt haben."

Ein echter Rosenkreuzer kann nicht gemacht werden. Er muss sich langsam entfalten und entwickeln durch die Kenntnis und Ausdehnung der göttlichen Kräfte in sich und seinem eigenen Inneren. Dies ist eine Tatsache, die jeder Studierende des Rosenkreuzes zur Kenntnis nehmen sollte. Auch die Unkenntnis der Schrift FAMA FRATERNITATIS ist ein Grund dafür, dass so mancher Studierende auf dem Weg zum Licht nicht so recht weiter kommt, denn diese Schrift ist nach wie vor das wichtigste Dokument der Rosenkreuzer, sozusagen ihre „Bibel".

Allgemein wird behauptet, dass der Rosenkreuzerorden in Übereinstimmung mit der Beschreibung seines Ursprungs und der dann folgenden Aktivität, wie sie in der FAMA beschrieben sind, existent sei. Es gibt manche Behauptungen, dass eine materielle Körperschaft des Ordens nicht existiert habe und auch nicht existieren werde. Hierzu soll gesagt werden, dass es in den Zeiten vor dem Erscheinen der FAMA üblich war, dass ein Mensch, der in den Rosenkreuzerorden aufgenommen wurde, bei seiner festlichen Initiation versprechen musste, den Orden oder die Fraternität nach Möglichkeit nicht zu erwähnen. Sobald nach einer Verbindung zum Orden gefragt wurde, sollte gesagt werden, dass ein materieller Teil des Ordens nicht existiere, jedenfalls wisse man von nichts. Dies war zum Schutz des Ordens gedacht, der ja, das sei betont, auch schon vor Erscheinen der FAMA existierte und jedes Mal einen anderen Namen und Bezeichnung zu seinem Schutz verwandte. Die FAMA FRATERNITATIS ist bereits im Jahre 1610 als handschriftliches Manuskript erschienen und kursierte in Zirkeln der Rosenkreuzer in Straßburg, Basel, Freiburg, aber auch im norddeutschen Gebiet. Erst im Jahre 1614 erschien sie in gedruckter Form und wurde über das gesamte deutschsprachige Gebiet verteilt.

Was ist eigentlich so wichtig an der FAMA, warum sollte jeder fortgeschrittene Studierende über den Inhalt Bescheid wissen? Dafür gibt es viele Gründe. Doch der wichtigste Punkt ist der, dass die FAMA genau erklärt, wann der Orden gegründet wurde und wer ihn gegründet hat. Aber, hier besteht eine Schwierigkeit: Die FAMA ist in einer symbolischen Sprache geschrieben, die man erst erlernen muss, wenn man den Text der FAMA richtig verstehen möchte.

INHALT DER FAMA

So wollen wir beginnen, einiges über die FAMA zu berichten, um etwas über die Gründung der Fraternität R.C. und deren früheren Aktivitäten erfahren.

Die FAMA FRATERNITATIS beginnt mit einem Loblied auf Gottes Güte und Weisheit. Gleichzeitig warnt sie die intelligenten Menschen vor ihrem Egoismus und ihrer Gleichgültigkeit, die sie leicht falschen Propheten folgen lässt. Allzu leicht würden sie die Wahrheit ignorieren und das wirklich wahre Wissen, das Gott in seiner Güte über das gesamte Menschengeschlecht ausgestreut hat. Daher sei eine allgemeine Reformation des Geistes nötig und Gott habe die Weisen und Philosophen für diesen Zweck bestimmt.

FR. C.R.

Um diese Reformation durchzuführen, hatte sich lange Zeit eine bis dahin unbekannte Person bemüht, die als der „weiland Andächtige, Geistliche und Hocherleuchtete Vatter Fr. C.R." benamt wird. Er sei ein Deutscher von Geburt gewesen, der Fraternität Haupt und Anfänger, der aus Armut, obwohl er adelige Eltern hatte, im fünften Jahr seines Alters in ein Kloster versteckt wurde. Mit dem Begriff „Deutsch" werden die Begriffe strebsam, tüchtig und zuverlässig verbunden. Diese Deutung ist allerdings nicht nationalistisch gemeint, sondern jenseits aller Ethnien zu sehen. Adelige Eltern bedeutet, dass sein Vater die Sonne und seine Mutter der Mond ist. Diese Analogie erinnert an die „Tabula Smaragdina Hermetis", der smaragdenen Tafel des Hermes Trismegistos, die allen hermetischen und damit auch den alchemistischen Weisheiten zugrunde liegt. Die Sonne, das aktive, männliche Prinzip, besser vielleicht Sonnenlogos genannt, steht für das geistige Prinzip. Der Mond oder besser die Mondin steht für das passive, weltliche und stoffliche Prinzip. Die Mondin vergisst manchmal, dass nicht sie selbst leuchtet, sondern dass es der Sonnenlogos ist, der sie anleuchtet. Die Zuordnung der Prinzipien der Geschlechtlichkeit zu den geistigen und weltlichen Kräften hat übrigens nichts mit den real existierenden Männern und Frauen auf diesem Planeten zu tun, da ja jeder beide Prinzipien in sich hat. Man könnte eher im Gegenteil sagen, dass in dieser

Welt zu herrschen, diese Welt und andere Menschen zu beherrschen, Karriere zu machen und seinen Mann zu stehen eigentlich weltliche und damit mondige Eigenschaften sind. Aus hermetischer Sicht von oben betrachtet sind Machos und Karrieretypen somit viel mehr Frau und Eva als ihnen wohl lieb ist. Weiter heißt es, er sei aus Armut in ein Kloster gegeben worden. Diese Armut kann sich einerseits auf eine materielle Armut beziehen, die er gehabt haben könnte, obwohl oder weil er geistig hochstehende Eltern hatte. Andererseits kann damit eine geistige Armut gemeint sein. Diese könnte bedeuten, dass er nicht viel wusste. Nicht viel zu wissen kann im mystischen Sinne ein großer Vorteil sein, da es gut ist, wenn man „wie die Kinder" offenherzig, unbedarft und vollkommen frei von störenden Vorstellungen, wie denn das Geistige nun sein soll, an die praktische Arbeit geht. Geistige Armut kann auch bedeuten, dass man frei ist von Anhaftungen, dass man seine Gedanken und Konzentrationen nicht auf irdische Dinge haftet. Jemand, der Reichtum anhäufen will, ist genauso an das Thema Geld gefesselt wie jemand, der in Askese lebt und Reichtum vermeidet und verteufelt. Wer geistig arm ist, kann materiell reich oder auch arm sein, beides ist ihm gleichwertig.

FRÜHE JUGEND IM KLOSTER

In der FAMA heißt es weiter, er sei im Alter von fünf Jahren ins Kloster gekommen. Die Zahl fünf ist die Zahl des Menschen, er hat vier Finger und einen Daumen, er hat vier Gliedmaßen und einen Kopf. Fünf steht für die Quintessenz (lat. quinta essentia), das 5. Element, das sich ergibt, wenn die vier Elemente des Menschen, die als Feuer, Wasser, Erde und Luft symbolisch dargestellt werden, in einen gereinigten, ausgeglichenen Zustand gebracht werden. Die Fünf bedeutet, dass der Mensch seinen Adel und seine Herrlichkeit verstanden hat und mit beiden Beinen fest auf dieser Erde steht. Die 5 ist auf dem kabbalistischen Lebensbaum der Sphäre Malkuth zugeordnet, 5 Jahre ist also ein mystisches Alter. Nachdem er also die fünf verwirklicht hat, kommt er in ein Kloster. Ein Kloster steht für einen abgeschlossenen Bereich, der von außen nicht einsehbar und somit versteckt ist. Was dort geschieht, ist einer breiten Öffentlichkeit nicht bekannt, die Zuwendung zum Geistigen geschieht, ohne in der Welt davon viel Aufhebens zu machen. Dort erlernte er die beiden Sprachen Griechisch und Latein ziemlich gut. Mit Griechisch und Latein sind Philosophie und Geometrie oder das Geistige und das Weltliche gemeint.

DIE PILGERREISE

Frater C.R. ersehnte eine Pilgerreise zum Heiligen Grab zu machen, welche ihm auf emsig Flehen und Bitten gewährt wird. Das heilige Grab befindet sich bekanntlich in Jerusalem, das hier stellvertretend steht für die Stadt des Friedens und der Toten, womit gemeint ist, dass sich hier nichts tut. Ein Bruder der Fraternität wird ihm zugegeben und ihre erste Station auf dieser Reise ist die Insel Zypern, die Insel der Venus. In der griechischen Mythologie wurde Venus im Meer geboren und betrat zuerst die Insel Zypern. Venus steht ja für die Liebe, allerdings nicht für die erotische sexuelle Liebe, die eher dem Mars und damit der Farbe Rot zugeordnet ist, sondern Venus steht für die gegenstandslose, universelle göttliche Liebe, die mit der Farbe Grün assoziiert ist. Das Prinzip der Venus ist außerdem dem Metall Kupfer zugeordnet, das es auf Zypern gibt.

P.A.L. STIRBT

Er war noch in blühender Jugend, als er dort ankam. Plötzlich verstarb der ihm zugegebene Bruder P.A.L. P.A.L. besteht aus den drei hebräischen Buchstaben Peh + Aleph + Lamed. P.A.L. ergibt umgedreht das Wort ALP, das für den hebräischen Buchstaben Aleph steht. In der kabbalistischen Interpretation ist mit Aleph die kosmische Urkraft gemeint, die allen Dingen zugrunde liegt. Es ist die schöpferische Lebensenergie, das vitale Prinzip in Pflanzen, Tieren und Menschen. Der hebräische Name für dieses Prinzip ist Ruach (RVCh), dessen wörtliche Bedeutung soviel heißt wie „Atem". Dieser Name ist gleichbedeutend mit dem Englischen „Spirit", dem lateinischen „Spiritus", dem griechischen „Pneuma" und dem Sanskritwort „Prana". Diese Worte bedeuten alle „Luft" oder „Hauch". In diesem Zusammenhang bedeutet P.A.L., dass er unter Leitung und Führung des kosmischen Bewusstseins reiste. Dass P.A.L. starb, bedeutet, dass sich das kosmische Bewusstsein zurückzog und er jetzt allein entscheiden musste, nachdem er mit der allumfassenden Liebe Bekanntschaft gemacht hatte. Fr. C.R. wollte aber weiterreisen und nicht umkehren, denn er hatte Jerusalem noch nicht gesehen. Das Wort „Reise" steht hier stellvertretend für den Initiationsweg. So ließ er sich hinüberschiffen und zog dann gegen Damaskus, denn er wollte von dort Jerusalem besuchen. Leibesbeschwerden hinderten ihn aber daran und er musste in Damaskus bleiben. Dort versuchte er sich selbst zu heilen und da ihm dies gut gelang, erhielt er die Gunst der Türken, die damals in dieser Disziplin Meister waren. Durch seine Emsigkeit und Umsichtigkeit kam ihm auch zur Kenntnis, dass in der arabischen Wüste eine Stadt existiere, die Damcar hieße.

DAMCAR

Es solle eine sehr mystische Stadt sein und die Weisen dortselbst ausgezeichnet sein, was ihm die Weisen von Damaskus offenbarten. Er arrangierte sich mit ihnen, ließ sich den Reiseweg beschreiben und zog nach Damcar, nicht ohne ein gewisses Reisegeld an die Weisen von Damaskus zu zahlen. Mit Reisegeld ist hier nicht (nur) das materielle Geld gemeint, sondern auch ein Ausgleich auf der geistigen Ebene. Sechzehn Jahre war er alt, als er in Damcar ankam. Die Weisen von Damcar, also die Meister der Initiation, empfingen ihn wie einen, auf den sie schon lange gewartet hatten. Sie nannten ihn bei seinem richtigen Namen und zeigten ihm auch einige Heimlichkeiten aus seinem Kloster, worüber er sich sehr wunderte.

16 Jahre ist ein mystisches Alter und bedeutet geistige Pubertät. Es steht für die Zahl der Prüfungen, die er zum Teil schon hinter sich hat und für das ständige Umherschweifen und Ausschau halten nach etwas Besserem. Erst wenn dieses Umherstreifen beendet ist, kann mit der esoterischen Arbeit begonnen werden.

Die Quersumme von 16 ist 1 + 6 = 7.

Mit einem Namen ist in mystischen Schriften nicht einfach eine Bezeichnung gemeint, „Name“ bedeutet das innerste Wesen einer Sache. Beispiele dazu sind „Der

Name der Rose“ oder die Volksweisheit, die besagt, dass ein Dämon seine Macht über einen verliere, wenn man seinen Namen kenne.

Dass die Weisen anscheinend schon lange auf ihn gewartet hatten, bedeutet, dass sie erkannten, dass dieses Bewusstsein schon immer auf sie gerichtet war. Er hatte sich bewusst oder unbewusst schon immer auf dieses Ziel ausgerichtet. In alten Texten heißt es: „*Man kann nur sehen, was man selber in sich hat.*“ und „*Man muss ein Mystiker sein, um einer werden zu können.*“.

In Damcar also lernte er die arabische Sprache noch besser, wie er auch dann im folgenden Jahr das Liber M. in ein gutes Latein brachte. Liber M. steht für Liber Mundi, das Buch der Welt. Damit ist aber kein Buch gemeint, sondern das Studium der Natur, um ihre tieferen Zusammenhänge zu verstehen, die aber eher im Metaphysischen als im rein Naturwissenschaftlichen zu verstehen sind. In diesen Bereich gehört auch die Signaturenlehre des Paracelsus, die besagt, dass man an den sichtbaren Äußerungen wie z. B. der Form, den Lebensumständen und den günstigen und ungünstigen Wachstumsbedingungen einer Pflanze erkennen kann, welche inneren Kräfte, Arkana genannt, dieser Pflanze innewohnen. Dazu gehört aber auch die Erkenntnis, dass sich die Lebensmuster, Gedanken und seelische Prägungen eines Menschen immer wieder im äußeren Leben spiegeln durch scheinbar zufällige Ereignisse und erkennbar werden an der Art von Menschen, die jemand in seinem Leben immer wieder anzieht. Dieses Phänomen wird von C. G. Jung „Synchronizität" genannt. Latein ist symbolisch für die Sprache der pragmatischen Vernunft, das dem irdischen Zugewandte und für die Erdung. Die alten Römer hatten einen ausgeprägten Sinn für weltliche Dinge wie Kriegsführung und der Bau von Straßen und Wasserleitungen, aber im Gegensatz zu den Griechen nur wenig Sinn für die Philosophie und für geistige Dinge. Dass sich die alten Urchristen in Rom von einer Untergrundreligion zu einer Amtskirche wandelten, birgt übrigens einen doppelbödigen Hintersinn. Mathematik und Physik erlernte er ebenfalls dort. Drei Jahre blieb er in Damcar und verließ diesen Ort mit guter Erlaubnis. Er reiste über den „Sinu Arabico" nach Ägypten, wo er sich nicht lange aufhielt. Doch lernte er, auf die Gewächse und Kreaturen besser aufzupassen. Mit den Gewächsen und Kreaturen sind die menschlichen Abgründe gemeint und die Kräfte aus dem Totenreich, die belebt werden und die Unheil anrichten können. Damit soll gesagt werden, dass eine Kenntnis der geheimen Kräfte notwendig ist. Gewarnt sei an dieser Stelle auch vor den Auswüchsen der Tierseele.

FEZ

Dann schiffte er sich ein und überquerte das ganze Mittelmeer, damit er nach Fez (Fessam) in Marokko käme, wohin ihn die Araber gewiesen hatten. Bei seiner bisherigen Reise vom Norden über den Osten und Süden erreichte er mit Fez nun den Westen. Der Westen steht für das Leben, das sich vollzieht. Im Westen geht die Sonne unter, was bedeutet, dass sich der Sonnenlogos, das aktive, dynamische, oberste, geistige Prinzip „in die Schöpfung neigt", also in die Welt kommt. Dem Westen ist in der hermetischen Tradition das Element Wasser zugeordnet. Das Wasser steht für das Bewusstsein, bestehend aus Ober- und Unterbewusstsein und für die Fähigkeit des Empfindens. Da die deutsche Sprache nicht wirklich zwischen Gefühlen, Empfindungen, Emotionen und Intuitionen unterscheidet, kommt es oft zu Verwirrungen. So sind Emotionen beispielsweise dem Feuer zugeordnet, aber es ist das Wasser im Menschen, das eigene und fremde Emotionen fühlt. In der Homöopathie und in der modernen Wasserforschung wie z. B. bei Prof. Emoto hat Wasser einen ganz besonderen Stellenwert; es dient als Informationsträger und verhält sich in vielen Dingen sonderbar und paradox, aber lebensspendend. Bei Wasser denkt man an Meer. Die Wörter Mare (Meer), Maria und Maya (die große Illusion der stofflichen Welt) sind nicht zufällig einander ähnlich. Es wunderte ihn sehr, dass in der Stadt Fez die

Weisen und Gelehrten sich so einig waren und über alles redeten und nach gemeinsamen Zielen und Formulierungen suchten. In seiner Heimat hingegen stritten die Gelehrten miteinander und hatten überhaupt kein Vertrauen zueinander. Die Weisen von Damcar hatten ihm gesagt, dass er in Fez weitere Informationen bekäme.

Die Stadt Fez hatte im 12. – 15. Jahrhundert die berühmteste Universität der damals bekannten Welt. Alle Jahre kamen die Afrikaner und die Araber dort zusammen, um sich gegenseitig zu informieren, ob es nicht wieder etwas Besseres gäbe, oder ob sich das Wissen verflüchtige. Alljährlich kommt so etwas zum Vorschein, wodurch Mathematik, Physik und auch die Magie gebessert würden. In der Magie sollten die Fessaner am besten sein. Dies alles nahm er mit Erstaunen zur Kenntnis. In seiner Heimat mangelte es auch nicht an Kabbalisten, Medizinern und Philosophen, trotzdem gab es dort keine Einheit in der Arbeit und in Gedanken. Keiner gönnt dem anderen etwas Besseres, jeder will die Weide allein für sich benützen. Durch seinen Aufenthalt in Fez wurde er mit den elementarischen Einwohnern bekannt, die ihm vieles von dem ihrigen eröffneten. Bei den elementarischen Einwohnern denkt man daran, dass in Fez alle immer und überall handeln. Der Handel dient dem Lebensunterhalt und somit elementaren Bedürfnissen. Allerdings ist der Handel auch eine Passion der Araber. Mitten in diesem Treiben ist auch die Universität, die dem Elementarischen entgegengesetzt, polarisiert, ist. Wahrscheinlich sind hier aber auch Naturgeister oder Elementale gemeint, die die niederen Naturreiche bewohnen und beleben, die aber nicht nur lichte Eigenschaften haben, sondern auch eine starke halbdunkle Seite. Paracelsus beschrieb diese Elementale wie folgt: *Ir wohnung sind viererlei, das ist, nach den vier elemnten, eine im wasser, eine im luft, eine in der erden, eine im feuer; die im wasser sind nymphen, die im luft sind sylphen, die in der erden sind pygmaei, die im feuer sind salamndrae.* Nach Paracelsus sind diese Elementale *die vier geschlecht der geistmenschen [...] die wir als menschen ansehen zu sein, und doch nicht aus Adam, sondern ein anderi geschöpf, geschiden von menschen [...] sie sind gleich den geisten in geschwindigkeit, gleich den menschen in geberung gestalt und essen [...].* (Siehe Theophrastus von Hohenheim, Medizinische, naturwissenschaftliche und philosophische Schriften, Hrsg. Karl Sudhoff, 14. Band, S. 118 ff. München, Berlin, 1933)

Er dachte sich, wenn dies in seiner Heimat auch so wäre und Einigkeit herrschen würde, wie wohltuend das für alle Menschen sein könnte. So bekannte er auch, dass die Weisen von Fez nicht so gut waren wie die von Damcar, doch habe er trotzdem viel von ihnen gelernt. Auch berichtete er, dass die Magie der Fessaner nicht eben rein sei, auch die Kabbalah war mit ihrer Religion befleckt, so dass man aufpassen musste. Er konnte daraus einen bestimmten Nutzen ziehen und sehr vieles dabei lernen. So berichtete er, dass er nun fähig sei, die Wahrheit vom

Falschen zu unterscheiden. Auch könne er jetzt verstehen, wie in jedem Kern ein ganzer Baum oder eine vortreffliche Frucht enthalten ist. Also, so schätzte er, wäre auch die ganze große Welt in einem kleinen Menschen enthalten. Dieses Symbol vom Kern und dem ganzen Baum soll das Verhältnis Mikrokosmos/Makrokosmos darstellen. In der hermetischen Tradition ist der Mensch als Mikrokosmos ein Spiegelbild Gottes, des Makrokosmos. Der Kern als Mikrokosmos muss gesät werden und entwickelt sich langsam, aber stetig zu einem Baum als Makrokosmos, der Mensch entwickelt also seine göttlichen Eigenschaften. Dieses Symbol erinnert auch an das holographische Weltbild der modernen Physik, wonach im kleinsten Teil das komplette Abbild des großen Ganzen enthalten ist. In der CHYMISCHEN HOCHZEIT CHRISTIANI ROSENCREUTZ wird ein ähnliches Symbol beschrieben. Dort geht es um einen hölzernen Globus, der mehrere Meter Durchmesser hat und in den man hineinsteigen kann. Auf der Innenwand des Globus ist der Sternenhimmel abgebildet. Dabei denkt man an das V.I.T.R.I.O.L. der Alchemisten, was ausgeschrieben „Visita Interiora Terrae Rectificando Invenies Occultum Lapidem" heißt und übersetzt bedeutet: „Besuche (erforsche) das Innere der Erde; indem du dich läuterst, wirst du den verborgenen Stein finden." Lassen Sie es sich doch einmal auf der Zunge zergehen, dass das holographische Weltbild der modernen Physik in den Urschriften der Rosenkreuzer im 17. Jahrhundert beschrieben wird!

Würde jemand alle Menschen des gesamten Erdbodens examinieren, würde er herausfinden, dass das Gute und Gewisse immerdar mit dem Menschen, das Andere aber mit tausenderlei irriger Meinung befleckt sei.

ZURÜCK IN EUROPA

Nach zwei Jahren verließ er Fez und fuhr mit vielen köstlichen Stücken nach Spanien. Spanien liegt noch im Westen und ist das Land, das damals die wenigsten Fortschritte in Bezug auf eine freiheitliche Gesinnung hatte. Er hatte auch eine gründliche Kenntnis über wertvolle Pflanzen und Tiere sich angeeignet und hegte die Hoffnung, dass in Spanien genügend Gelehrte vorhanden wären, die ihm helfen könnten, das neue Wissen zu offenbaren und unter den Menschen zu verteilen. Schließlich hatte er die Reise sehr gut arrangiert und war der Meinung, dass die Gelehrten in Europa, der damals bekannten Welt der Zivilisation, sich mit ihm an den neuen Erkenntnissen erfreuen würden. Er war der Meinung, dass er den Gelehrten in Spanien helfen könnte, wie sie ihre Studien und vorbereitenden Prüfungen besser regulieren könnten. Er glaubte zu wissen und erkannt zu haben, wo es diesen fehlte und wollte ihnen daher helfen, den besseren Weg zu gehen, um ihre innere Kirche und die ganze moralische Philosophie zu verbessern. Er zeigte ihnen neuartige Gewächse, Früchte und besonders Tiere, die nicht nach den alten Anschauungen betrachtet werden können und gab ihnen neue Axiomata in die Hand. Doch den Weisen in Spanien kam das alles lächerlich vor. Weil es noch neu sei, befürchteten sie, dass ihr großer Name geschmälert würde, da sie ja erst lernen und ihre vieljährigen Irrungen bekennen sollten. Sie behaupteten, das alte Dahergebrachte sei ihnen bekannt und gewohnt und hätte ihnen auch genug eingetragen. Schließlich wollten sie nicht, dass ein anderer, ihnen noch Unbekannter alles reformieren wolle. So wurde Fr. C.R. von den Weisen und den Magiern ignoriert, ebenso seine besonderen Kenntnisse. Das schmerzte ihn. Er hatte geglaubt, in Europa nur Weise und aufgeschlossene Gelehrte zu finden, die ihm helfen würden, seine reichen Kenntnisse, wie er meinte, und auch sein Wissen zu gebrauchen zum Besten für alle Menschen. Aber sie lehnten ihn ab. Auch in anderen Nationen, denen er seine Kenntnisse offenbaren wollte, wurde ihm das gleiche Lied vorgesungen. Dies alles bewegte ihn sehr, weil er es nicht verstehen konnte, denn er offerierte alle seine Künste, um den Gelehrten und Weisen zu helfen. Er nahm an, dass alle diese Gelehrten und Wissenden ihre Künste und Kenntnisse der ganzen Natur nach einem zentralen Punkt richten würden, so wie er es bei den Arabern gesehen hatte. Er meinte, dass auch in Europa eine solche Sozietät existieren müsse, die genug Gold und Edelsteine hätte, um es den Königen und Regenten mitteilen zu können, damit die Nachfolger von jung auf schon im rechten Sinne erzogen werden könnten und dann alles wüssten, das Gott dem Menschen zu wissen zugelassen hätte. In Notfällen sollten immer die Weisen erst gefragt werden. Gewisslich, so bekannte C.R., hat die Welt schon immer davon gewusst und viele Menschen haben auch danach gehandelt. Dadurch wurde eine Reihe von Helden hervorgebracht, die mit aller Gewalt durch die Finsternis und die Barbareien hindurch gegangen sind und den Schwachen dann ihre Kenntnisse haben zukommen lassen. Ein solcher ist auch ein Mann namens Theophrastus (Paracelsus) gewesen, der aber kein Mitglied der Fraternität war, aber das Liber M. fleißig gelesen und dadurch in seiner Wissenschaft ein großes Feuer entzündet hatte. Aber dieser Mann hat der Gelehrten und Naseweisen Vormacht in seinem besten Lauf behindert, so dass dieser seine Bedenken von der Natur nicht mehr in friedlichen Gesprächen vermitteln konnte, sondern in seinen Schriften vielmehr den Fürwitzigen gespottet und sich immer mehr zurückgezogen hatte. Doch die „Harmonia" mit dem Göttlichen und Natürlichen sei bei ihm voll zu finden, die er ohne Zweifel den Gelehrten sicher mitgeteilt hätte, wäre er nicht ständig daran gehindert worden. Schließlich dachte er, dass diese größerer Kunst fähig seien, doch wurde er darin enttäuscht. So hatte er mit seinem freien unachtsamen Leben seine Zeit vertan und der Welt ihre törichte Freude gelassen.

ZURÜCK IN DEUTSCHLAND

So ist unser geliebter Vatter Fr. R.C. nach vielen mühseligen Reisen und übel angelegten treuen Informationen wiederum in Deutschland gelandet, welches Land er herzlich liebhatte. Er hätte jetzt mit der Transmutation der Metalle glänzen und prahlen können, doch war ihm der Mensch viel höher angelegen, als alle Pracht und Herrlichkeit. Er baute sich eine fügliche und saubere Wohnung aus und versuchte, alles was er wusste von seinen Reisen, auch seine Erfahrungen niederzuschreiben und in eine gewisse Ordnung zu bringen, damit andere das erfahren könnten. In seiner Wohnung soll er eine gute Zeit mit der Mathematik zugebracht und viele schöne Instrumente zugerichtet haben. Wenig ist uns davon geblieben, doch einiges konnten wir in Erfahrung bringen. Der Begriff „mathematische Studien" bezieht sich auf die kosmischen Gesetze. Die Mathematik hat nämlich einen besonderen Bezug zu der Schöpferkraft, die wir Gott nennen können. In den alten Weisheiten des Westens heißt es: „Gott geometrisiert", womit gemeint ist, dass sich die göttlichen oder kosmischen Gesetze, die überall im Universum wirken, als nüchterne, abstrakte mathematische Gesetze darstellen lassen. Der Grieche Pythagoras war nicht nur ein Mathematiker, auf den ja der berühmte Satz des Pythagoras zurückgeht, er war auch ein Esoteriker und er betrieb eine esoterische Schule, die eine streng abgeschottete Gesellschaft war. Die guten Instrumente stehen für die spirituellen Sinnesorgane, mit denen die sog. außersinnliche Wahrnehmung (ASW) möglich ist und auch für die Energiezentren, die damals im Westen schon bekannt waren und später als „Chakras“ oder „Chakren“ aus dem indischen Raum zu uns kamen und als Bestandteil einer fremden Kultur von uns willig aufgenommen wurden.

Viel ist uns aus dieser Episode nicht bekannt. Aber Folgendes ist uns gewiss:

NEUER ANLAUF, NEUE BRÜDER

Nach der mystischen Anzahl von fünf Jahren kam ihm die geplante Reformation wieder in den Sinn. Da er an der Hilfe und dem Beistand anderer Menschen verzagte, er aber selber sehr arbeitsam und tüchtig war, dachte er sich, dass es besser sei, aus seinem Kloster, zu dem er noch immer guten Kontakt hatte, einige Brüder zu holen, die ihm helfen sollten, das Werk zu vollbringen. So verlangte er drei seiner Mitbrüder Fr. G.V., Fr. I.A. und Fr. I.O., die schon bewandert waren in dieser Arbeit.

Diese Initialen stehen für folgende hebräischen Buchstaben: G.V. = Gimel, Vav; I.A. = Jod, Aleph; I.O. = Jod, Ayin; seine Initialen C.R. stehen für Kaph und Resch. C.R. + G.V. + I.A. + I.O. stehen für das, was das Werk begonnen hat, sie sind die Gründer der Fraternität, sowohl im irdischen Bereich als Personen, als auch im spirituellen Bereich als Urprinzipien oder höhere Intelligenzen, die auf geheimnisvolle Weise dafür sorgen, dass sich etwas auf dieser Welt bildet, wenn auf den höheren Ebenen der Beschluss dazu gefasst wurde.

Die Bruderschaft begann mit vier Personen; das erinnert an die vier Elemente, aus denen alles Irdische besteht. C.R. nimmt gegenüber seinen drei Mitbrüdern eine Sonderstellung ein, so wie bei den vier Elementen immer eines sich von den anderen abhebt. Mal ist es das Feuer, das anders als Wasser, Luft und Erde nicht einen Aggregatzustand beschreibt, sondern als Energieform und Transformator über den drei anderen steht. Bei den vier Himmelsrichtungen nimmt der Norden eine Sonderstellung ein, weil er als einzige Himmelsrichtung nicht von der Sonne, also dem geistigen Impuls, durchwandert wird.

Hier sollen kurz die wichtigsten Bedeutungen der soeben erwähnten hebräischen Buchstaben erklärt werden.

Kaph: als C oder als K dargestellt; Symbol: geschlossene Hand, Faust, ergreifende Hand; Zahlenwert 20, als Endbuchstabe 500; die Intelligenz der Vermittlung, Rotation, Achsendrehung, Kreislauf, Periodizität, Umfassen, Begreifen; Reichtum und Armut, die Extreme des Besitzens. Die äußerlichen Zeichen des Ergreifens der Umstände, Reichtum ist das Resultat einer angemessenen Beherrschung der Wahrheit, dargestellt durch den Weg von Kaph; Armut ist das Gegenteil. Zuordnungen: Farbe Violett, Planet Jupiter, Ton B

Resch: als R dargestellt; Symbol: das Gesicht/der Kopf des Menschen; Zahlenwert 200; die kollektive Intelligenz, die sammelnde Intelligenz, Zusammenfassung, Sammlung und Ausstrahlung von kosmischen Energien, Erneuerung. Fruchtbarkeit und Sterilität als extreme Auswüchse der solaren Kraft, die Wachstum verursacht und trockene Wüste erzeugt. Zuordnungen: Farbe Orange, Planet Sonne, Ton D

Gimel: als G dargestellt; Symbol: Kamel; Zahlenwert 3; vereinigende Intelligenz, Gedächtnis, Fortpflanzungskraft. Friede und Streit: Wie in der materiellen Welt Friede und Streit durch die Bedingungen des Handelns – der verbindenden Mitteilungen und der Beförderung – ist, so auch in der menschlichen Persönlichkeit. Friede und Streit, Ordnung und Missordnung sind im Unterbewusstsein vorhanden als ein Resultat der Kontakte, die mit anderen gemacht werden. Zuordnungen: Farbe Blau, Planet Mond, Ton Gis, Element Wasser

Vav: als V, U oder W dargestellt; Symbol: Nagel, Haken und das „und"; Zahlenwert 6; die triumphierende, ewige Intelligenz, Kettenglied, Bindeglied, Intuition, inneres Hören. Zuordnungen: Farbe Rot-Orange, astrologisches Zeichen Stier, Ton Cis

Jod: als I dargestellt; Symbol: offene Hand, zeigender Finger; Zahlenwert: 10; schöpferischer Impuls, die Intelligenz des Willens, das unsichtbare EINE

Aleph: als A dargestellt; Symbol: Ochse, Bulle, Stier; Zahlenwert 1; die kosmische Urkraft, die feurige, funkelnde Intelligenz, Lebenskraft, von zweifacher Polarität, reines Bewusstsein, Überbewusstsein. Aleph, Luft, Wind und Atem sind Symbole für Leben und bewusste Energie.

Ayin: als O dargestellt; Symbol: Auge, das die oberflächlichen Erscheinungen sieht, Springbrunnen; Zahlenwert 70; Knechtschaft durch oberflächliche Erscheinungen, die erneuernde Intelligenz. Zuordnungen: Farbe Blau-Violett, astrologisches Zeichen Steinbock, Ton A

Über die Bedeutung der Initialen in diesem Zusammenhang muss der Leser versuchen, sich selbst ein Bild zu machen.

In der FAMA heißt es weiter: Er vereidigte sie und erbat von ihnen auf das Höchste Treue, sie sollten emsig und verschwiegen sein, und alles, was er ihnen auftrug, sollten sie mit größter Genauigkeit notieren, damit nichts von alledem verloren ginge. Denn alles, was künftig offenbart werden sollte, müsse vollständig sein, nichts dürfe fehlen.

DIE BRUDERSCHAFT BEGINNT MIT VIER PERSONEN

Also begann die Bruderschaft des R.C. zuerst mit vier Personen. Sie entwickelten die magische Sprache und Schrift mit einem weitläufigen „Vocabulario", in welchem alles Wissen zur Ehre Gottes enthalten ist und dessen wir uns heute noch erfreuen. Große Weisheit finden wir darin. So fertigten sie auch den ersten Teil des Buches "M.". Wie bereits erwähnt, steht das Liber M. für Liber Mundi, übersetzt das „Buch der Welt". Weil ihnen aber die Arbeit zu viel wurde und auch die Kranken in großer Menge erschienen, wurden sie in ihrer Arbeit sehr behindert. Das Haus Sanctus Spiritus hatten sie auch soweit fertig, damit sie ihre Zusammenkünfte regelmäßig abhalten konnten. Das Sanctus Spiritus steht für den Ort der Zusammenkunft auf der kosmischen Ebene, also für ein Kraftfeld, ein sogenanntes Egregore, das auf der materiellen und auf der spirituellen Ebene existiert und das seine Kraft und Existenz aus den Gedanken bezieht, die die Mitglieder der Bruderschaft bewusst und in einem meditativen Geisteszustand auf dieses Kraftfeld richten. Umgekehrt können die Brüder einzeln oder alle zusammen von diesem Kraftfeld durch Meditation Energien erhalten, die sich durch Inspiration, Intuition oder durch Synchronizität bemerkbar macht. Mit Synchronizität bezeichnete C. G. Jung die sonderbaren „Zufälle", mit denen die geistige Welt auf der Erde eingreift. Ein solches

Kraftfeld ist das innere Element von Bruderschaften und Orden. Es ist ein machtvolles Instrument, das bei weisem Gebrauch für alle Beteiligten zum Nutzen ist, aber auch Schaden anrichten kann. Ein Instrument dieser Bruderschaft ist die astrale Projektion, die auch als außerkörperliche Erfahrung bezeichnet wird. Die Brüder konnten also ihren Körper verlassen und sich auf der weltlichen oder auf der astralen geistigen Ebene treffen und als körperlose Bewusstseinsebenen auch einander wahrnehmen und erkennen. Deshalb kann auch niemand die Bruderschaft finden, es sei denn, er sei dazu berufen. Sanctus Spiritus ist im kabbalistischen Lebensbaum Chesed zugeordnet.

DIE BRUDERSCHAFT WIRD ERWEITERT

In der FAMA heißt es:

„Dann beschlossen sie, noch weitere Brüder in ihre Gesell- und Bruderschaft zu holen. Dafür wurden ausgewählt: Fr. R.C., sein Vetter, Fr. B., der ein geschickter Maler war, G.G. und P.D. als ihre Schreiber. So waren sie schließlich ihrer acht und bis auf Fr. I.A. waren sie alle Deutsche, ledigen Standes und verlobter Jungfrauschaft. Sie arbeiteten alle sehr fleißig zusammen, wodurch viel Material gesammelt wurde, was sich der Mensch nur hoffen und wünschen kann. Ob sich die Welt nach vielen hundert Jahren wohl gebessert hat oder nicht, eins ist sicher: Die Prinzipien und die Gesetzmäßigkeiten werden die gleichen bleiben, bis an den jüngsten Tag. Nichts davon wird die profane Welt je zu sehen bekommen, denn unsere Rotae nimmt ihren Anfang an dem Tag, an dem Gott sprach „Fiat“ und wird enden, wenn er spricht „Pereat“. Gottes Uhr schlägt alle Minuten, die unsere kaum die ganze Stunde. Wir glauben fest, wenn unsere Väter und Brüder in das jetzt scheinende helle Licht geraten wären, hätten sie den Gelehrten, den Künstlern und Sophisten mehr dazwischengeredet und ihr hilfreiches Gemüt nicht nur mit Seufzen und Wünschen angefüllt für eine allgemeine Verbesserung. Sie wären tätiger geworden.“

An einer späteren Stelle des Textes, nämlich bei der symbolischen Graböffnung, ist nochmals von einer „Rota" die Rede. Dabei denkt man an den Tarot, wie in A. E. Waite benutzte. Dieser Tarot ist dem Paul-Foster-Case-Deck sehr ähnlich. Einige Karten sind fast identisch, andere stärker verändert. In der Waite-Karte Nr. 10, dem Glücksrad, stehen kreisförmig die Buchstaben TARO, wobei das T oben, das A rechts, das R unten und das O links steht. Man kann in diesen Kreis nun die Worte TARO, TORA oder ROTA hineinlesen. Außerdem möglich sind: RATO, ATOR, AROT, ORAT oder OTAR. Die ROTA weist jedenfalls auf diese Karte hin. Das Glücksrad, das im Original „Wheel of Fortune" heißt, wäre besser mit „Rad des Schicksals" übersetzt gewesen, es hat jedenfalls zu tun mit einem zyklischen Ablauf, einer Periodizität, die allen Angelegenheiten des Menschen und der Menschheit eigen sind. Dieser zyklische Ablauf erinnert an das Prinzip des Rhythmus in den hermetischen Weisheiten und an die Weisheit des Ostens, die auch von einem zyklischen Ablauf der Dinge ausgeht, was der westlichen Vorstellung von einem linearen Verlauf der Dinge entgegensteht. Das richtige Verständnis der ROTA befähigt die Brüder, die Bedeutung der Gegenwart in der Vergangenheit zu lesen.

Als nun diese acht alles disponiert und hergerichtet hatten, die Arkana des Ordens errichtet waren und alle Instruktionen und Dokumente bereit waren, beschlossen sie, sich zu trennen. Sie waren jetzt auf 8 Brüder angewachsen. Die Zahl 8 steht symbolisch für Stärke und Kraft, hauptsächlich im geistlichen Bereich. Sie ist eine Linie, die um zwei Zentren kreist, was bedeutet, in beiden Welten der geistigen und der irdischen, zuhause zu sein. Außerdem hat sie mit dem Symbol des gnostischen Würfels zu tun. Der gnostische Würfel besteht aus einer Seitenlänge von 4 Einheiten. Durch diese Einheiten lässt er sich in 4 x 4 x 4 = 64 kleiner Würfel unterteilen. Wenn man einen solchen Würfel betrachtet, wird man feststellen, dass man nicht mehr als 37 dieser kleineren Würfel auf einmal sehen kann. Diese 37 Würfel stehen für die geoffenbarte Wahrheit. Übrig bleiben jetzt noch 27 Würfel, die für die nicht-geoffenbarte Wahrheit stehen. Von diesen 27 Würfeln sind jedoch nur 19 von außen sichtbar. Die restlichen 8 Würfel sind im Inneren des Würfels und sind somit von außen nicht zu sehen. Sie stehen für die geheime Wahrheit, die durch äußeres Betrachten nicht zu erkennen ist.

Das Haus Sanctus Spiritus weihten sie mit ihrer Arbeit ein, und sie waren sicher, dass jeder von ihnen in die verborgene und die offenbarte Philosophie gründlich eingearbeitet war. So waren sie gründlich vorbereitet, ihr Wissen auch anderen zugänglich zu machen, wenn diese danach verlangten. Aber auch, um sich umzusehen und ihre Bemühungen auszudehnen. Sie hatten alles getan, was zu tun war. So wollten sie nicht länger zusammenbleiben, sondern wie es anfänglich gleich beschlossen war, verteilten sich in alle Länder, wo ihre Beobachtungen fortgesetzt werden sollten. Sie wollten auch nicht länger beobachtet noch examiniert werden durch andere Gelehrte, sondern ihre Bemühungen viel lieber in anderen Ländern fortsetzen. Wenn es Irrungen gäbe, wollten sie einander sofort verständigen. Doch ehe sie sich trennten, hatten sie Folgendes untereinander ausgemacht:

1) Keiner sollte sich einer anderen Profession annehmen, als Kranke zu kurieren und dies alles umsonst.
2) Jeder sollte sich der Sitten des Landes entsprechend, in dem er sich aufhielt, kleiden und nicht genötigt sein, der Bruderschaft wegen ein gewisses Kleid zu tragen.
3) In jedem Jahr auf den Tag C wollten sie sich alle im Hause Sanctus Spiritus treffen. Wenn einer verhindert war zu kommen, sollte er auf jeden Fall seines Ausbleibens Ursache mitteilen.
4) Ein jeder der Brüder sollte sich um eine tüchtige Person umsehen, die es wert war, seine Arbeit auf alle Fälle fortzusetzen.
5) Sie bestimmten, dass das Wort R.C. ihr Siegel, ihre Losung und Character sein soll
6) Die Bruderschaft soll für 100 Jahre verschwiegen bleiben.

Zu diesen 6 Artikeln ist noch einiges zu sagen:

Zu 1) Mit Profession ist nicht unbedingt ein Beruf gemeint. Denn die Forderung, als Beruf kostenlos Kranke zu kurieren, steht im Widerspruch zu Artikel 2, der besagt, dass man sich den Sitten des Landes entsprechend verhalten solle und sich nicht in eine auffällige Sonderposition zu begeben. Profession meint nicht Beruf als Broterwerb, sondern eine Widmung an den Menschen, der hier als Ganzheit betrachtet werden soll. Wer spirituell arbeitet, ahnt bald, dass körperliche Krankheiten am besten über Geist und Seele zu kurieren sind.

Zu 2) Dass sich niemand auffällig verhalten soll, hat seinen Grund nicht nur in der religiösen Intoleranz der damaligen Zeit, die genau zwischen den Scheiterhaufen und dem Dreißigjährigen Religionskrieg liegt. Auch in unserer heutigen Zeit, die (nicht wirklich) tolerant und offen ist, hat eine gewisse Zurückhaltung einen tieferen Sinn, wenn man spirituell ist und trotzdem in dieser Welt ungestört leben und arbeiten will.

Zu 3) Tag C heißt wörtlich Tag 100. 100 steht einerseits für die innere Substanz, aber auch für den 100ten Tag nach der Frühjahres-Tag-und-Nacht-Gleiche, die am 21. März ist. Der Tag C ist also der 21. März + 100 Tage = 28. Juni, also 7 Tage nach dem Sommer-Solstitium am 21. Juni. Dieses Datum entspricht dem Johannis-Fest bei den Freimaurern und den Anthroposophen und dem Tag der Rose bei Anhängern des Rosenkreuzertums. Es ist der Tag, an dem die Seelen der Brüder im Kosmischen Sanktum zusammenkommen. Die Rose wird empfangen, die Rose geht wieder weg, die Rose ist bei den Brüdern und

Schwestern im Bewusstsein angekommen. Der Tag C ist auch der symbolische Auftakt für Tätigkeiten; vorher waren 100 Tage Ruhe, die der inneren Substanz zugeordnet sind. Im Falle seines Ausbleibens die Ursache mitteilen kann man so interpretieren, dass die, die zuhause sind, sich zu dem Ritual hin projizieren, das von Fr. R.C. und seinen Zweien (zusammen drei!) gemacht wurde.

Auf diese sechs Artikel verdingten sie sich gegenseitig, und fünf der Brüder gingen davon und zogen ihres Weges. Nur die Brüder B. und D. blieben bei dem Vatter Fr. R.C. ein Jahr lang. Als diese auch auszogen, blieb bei ihm sein Vetter und der Fr. I.O., so dass er immer zwei Brüder bei sich hätte auf die Tage seines Lebens. Nach der Trennung blieben sie zu dritt. Die Zahl Drei hat hier eine besondere Bedeutung, sie steht z. B. für die perfekte Manifestation und taucht in der FAMA des Öfteren auf. Alle Jahre kamen sie mit Freuden zusammen im Hause Sanctus Spiritus und gaben sich gegenseitig all ihre Erfahrungen kund. Also muss es eine Freude gewesen sein, alle die Wunder, die Gott in der Welt hin und wieder ausgestreut hat, wahrhaftig und ohne Dichtung sich anzuhören.

„So soll hier auch festgehalten werden, dass solche Personen, die von Gott und der ganzen himmlischen Hierarchie ausgesucht und gefördert werden und die von den weisesten Männern ausgelesen wurden, in höchster Einigkeit, größter Verschwiegenheit und möglichster

Guttätigkeit unter sich selbst und unter anderen lebten. In einem solchen hochlöblichen Wandel ging das Leben der Brüder dahin. Obwohl ihre Leiber allen Krankheiten und Schmerzen widerstanden, konnten sie doch ihren Seelen einige Punkte der Auflösung nicht ersparen."

FRATER I.O. STIRBT

„So ist bekannt, dass der erste von ihnen, der Frater I.O., in England verstarb. Er war ein guter Kabbalist und sehr gelehrt, wie auch sein Büchlein "H" solches bezeugt. In England weiß man viel von ihm zu erzählen, besonders weil er einen jungen Grafen vom Aussatz befreite."

I.O. sind die Karten Eremit und Teufel im Tarot zugeordnet, der Buchstabe H könnte eventuell als Zeichen für das Dreieck gelten. Es fällt auf, dass der erste, der stirbt, einige Attribute hat, die dem Geist der Mystik leicht entgegengesetzt sind. Er ist gut, gelehrt und hat viel von sich reden gemacht. All das sind äußere Dinge, die mit der inneren Entwicklung nicht sehr viel gemeinsam haben. Es gibt keine guten und schlechten Kabbalisten, denn diese Wertungen halten von der Einheit ab. Gelehrsamkeit ist nicht entscheidend für die Erleuchtung, denn viel zu wissen lenkt leicht vom Eigentlichen ab. Viel von sich reden zu machen bedeutet, dass er doch ein gewisses Kleid getragen hat und so auch zum Opfer der Sensationslust geworden ist. Dass dieser Frater zuerst verstirbt und dass daraufhin Fr. R.C. sein Grab errichtet, hat eine ganz besondere Symbolik, die Sie sich langsam auf der Zunge zergehen lassen sollten.

GEHEIME GRABSTÄTTEN

Die Brüder hatten beschlossen, wann immer es möglich war, ihre Grabstätten geheim zu halten. In der FAMA schreiben sie:

„So war es uns auch bis heute noch nicht bewusst, wo sie alle begraben worden sind. Doch eines jeden Stelle ist mit einem tauglichen Nachfolger bestellt worden. Gott zu Ehren soll hier einmal gesagt werden, dass wir zwar viel aus dem Buch M. heimlich erfahren haben, doch ist uns unser Unglück und unser Sterbestündlein nicht bewusst oder bekannt. Und das, obwohl wir durch unsere Imagination und unsere Projektion in der Lage sind, die ganze Welt zu beobachten. Der Große Gott will uns unser Ende vorbehalten, weil er uns in steter Bereitschaft haben will. Viel mehr darüber steht in unserer Confessio Fraternitatis. Auch warum wir jetzt unsere Bruderschaft eröffnet haben und so hohe Mysterien freiwillig, ungezwungen und ohne alle Belohnung anbieten. So bieten wir mehr edle Schätze, als der König in Spanien aus den beiden Indien nach Hause bringen kann. Europa geht schwanger, es soll ein starkes Kind gebären, das ein gutes Gevattergeld haben muss, soll es gesund bleiben und eine gute Entwicklung erleben.“

DAS GRAB DES FR. R.C.

Die FAMA FRATERNITATIS berichtet uns Folgendes:

„Nach dem Tode des Fr. I.O. beruft Fr. R.C. alle anderen zusammen, sobald es ihm möglich war. Wir nehmen an, dass damals das Grab des Fr. R.C. erst errichtet worden ist, denn wir Jüngeren haben bisher nicht gewusst, wann der geliebte Fr. R.C. gestorben ist und wo er begraben liegt. Uns waren nur die Initialen der Anfänger der Fraternität bekannt und die ihrer Nachfolger. Allerdings waren uns einige Heimlichkeiten bekannt, an die wir uns erinnern. Denn der Fr. A., der des Fr. D. Nachfolger und der Letzte von den Vorgängern war, hat mit uns gelebt und durch einige verborgene Reden und Gespräche uns über die 100 Jahre des Schweigens berichtet [= über innere Substanz wird nicht gesprochen]. Denn er vertraute uns als der dritten Generation. Aber sonst müssen wir bekennen, dass nach dem Tode des Fr. A. keiner von uns auch nur das Geringste wusste, was den Fr. R.C. und seine ersten Mitbrüder anbelangte. Natürlich wussten wir davon, dass in unserer philosophischen Bibliothek einiges vorhanden war, darunter auch die Grundsätze und Regeln, die das Vornehmste, die Rotae Mundi das Künstliche, und Proteus das nützlichste Werk waren, was uns zur Verfügung stand. Das war uns bewusst. Jedoch wussten wir nicht, ob unsere Vorgänger die gleiche Weisheit besaßen wie die Gründer und ob sie in alles eingeweiht waren, das die Gründer wussten. Es soll aber dem geneigten Leser versichert werden, dass wir alles, was wir jetzt von dem Begräbnis des Fr. R.C. erfahren haben, künftig öffentlich bekannt geben werden, da es von Gott versehen, erlaubt und genehmigt wurde. Diesen Erfahrungen kommen wir getreulich nach, besonders dann, wenn man uns mit Bescheidenheit und christlicher Antwort entgegenkommt. Dann werden wir auch unsere vollen Namen, unsere Zusammenkünfte und was immer von uns gewusst werden soll, in offener Schrift nachkommen. So ist nun die wahrhaftige Darstellung und die gründliche Erläuterung zu der Erfindung des hocherleuchteten Mannes Gottes, des Fr. R.C., die folgende:

DAS GRAB WIRD GEFUNDEN

Nachdem nun Fr. A. in Gallia Narbonensis seliglich verschieden ist, kam an seine Stelle unser geliebter Bruder, Fr. N.N., der sich bei uns einstellte, um das feierliche Treue- und Schweigegelübde rechtlich einwandfrei und vortrefflich abzulegen. [N = hebr. Nun = Fisch; N.N. = 2 x Fisch] Dieser Frater N.N. berichtet uns ganz im Vertrauen, dass der Frater A. ihnen mitgeteilt hätte, dass die Fraternität in Kürze nicht mehr so geheim sei, sondern öffentlich bekannt gemacht würde, damit sie dem Vaterland deutscher Nation behilflich sei. Dies sei notwendig und rühmlich, und niemand bräuchte sich in seinem Stand zu schämen. Im folgenden Jahr, als Fr. N.N. schon ein Schulrecht [= Lehrrecht] erworben hatte, suchte er eine Gelegenheit, zu verreisen. Dafür war er mit stattlichem Reisegeld, dem sogenannten Fortunas-Säckel, ausgerüstet. Er war ein guter Baumeister und gedachte, noch ehe er abreiste, an dem Gebäude der Fraternität [Gebäude = Lehren] etwas zu verändern und füglich anzurichten. Bei dieser Renovation entdeckte er auch die Erinnerungstafel, die ganz von Messing gegossen war und jeden Namen der Brüder trug, die die Fraternität einst gründeten [Messing = Kupfer = Venus]. Diese Tafel nun wollte er in anderes und füglicheres Gewölbe transferieren, denn wo Fr. R.C. gestorben und begraben war, wurde von den Alten für sich behalten und war uns, den Jüngeren, nicht bewusst. An dieser Messingtafel steckte ein großer, starker Nagel, der diese an einer dürren Mauer festhielt. Der Nagel war so stark, dass er mit viel Gewalt herausgezogen werden musste. Dabei fiel ein großer Stein aus dem dürren Gemäuer herunter [im Original: von dem dünnen Gemawer oder Incrustation] und es wurde eine Tür sichtbar, die dahinter verborgen war. Darüber freuten wir uns, ahnten wir doch, dass wir einem großen Geheimnis näher gekommen waren. Das andere Gemäuer wurde daher mit Freude und großem Verlangen weggerissen und die Türe freigelegt. Sie wurde gesäubert. Dabei kamen folgende Worte zum Vorschein: **POST CXX ANNOS PATEBO** (Nach einhundert und zwanzig Jahren werde ich offenstehen)

Darüber haben wir Gott gedankt und vorerst alles ruhen lassen, da wir erst am Abend [d. i. in Ruhe] in unserer Rotae befragen wollten. Wiederholt kommen wir hier auf unsere Confession zurück: Was wir hier offenbaren, geschieht in würdiger Form für die wahren und echten Anfrager. Den Unwürdigen sollen sie, so Gott will, wenig nützen. Nach so vielen Jahren hat sich unsere Tür auf wundersame Weise geöffnet. Genau so will ich auch die Türe zu Europa öffnen, wenn das störende Gemäuer weggeräumt ist. Es wird eine wunderbare Öffnung werden, die von nicht wenigen dringend erwartet wird. Am anderen Morgen öffneten wir dann die Tür. Und was wir sahen, hatten wir noch nie zuvor gesehen. Ein Gewölbe befand sich hinter der Tür, von sieben Seiten und sieben Ecken. Jede Seite war fünf Einheiten breit und acht Einheiten hoch. Als Einheit diente ein altes Längenmaß, der Schuh. Dieses Gewölbe leuchtete so hell, obwohl es niemals zuvor von unserer Sonne beschienen wurde. Es kam uns vor, als ob eine andere Sonne hier tätig wäre, die das von unserer Sonne abgesehen hatte. Die Leuchtkraft aber kam vom Zentrum der Decke, worüber wir sehr erstaunt waren. In der Mitte des Raumes war anstelle eines Grabmals ein runder Altar, der mit einer Messingplatte bedeckt war. Am Rande derselben stand geschrieben:

„A.C.R.C.
Hoc universi compendium vivus mihi sepulchrum feci“
(zu Deutsch: Dies Kompendium des Alls habe ich mir zu meinen Lebzeiten zum Grabmal gemacht.)

In der zweiten Reihe stand: „Jesus mihi omnia“ (zu Deutsch: Jesus mein alles)

In der Mitte der Messingplatten waren vier Figuren eingraviert, die je mit einem Kreis umgeben waren und folgende Inschrift hatten:

1. Figur „Nequaquam Vacuum“: Nirgends leerer Raum
2. Figur „Legis Jugum“: Strenge des Gesetzes
3. Figur „Libertas Evangelii“: Freiheit des Evangeliums
4. Figur „Dei Gloria Intacta“: Unversehrte Herrlichkeit Gottes

Dies alles war uns klar und verständlich, wie auch die sieben Seiten und die beiden Dreiecke. Also knieten wir nieder und dankten dem allein Weisen, allein Mächtigen, allein ewigen Gott, der uns mehr gelehrt hatte, denn alle menschliche Vernunft könnte erfunden haben. Gelobt sei sein Name.

Das Gewölbe unterteilten wir in drei Teile: Da war die Bühne (Decke) oder der Himmel; die Wände oder Seiten; der Boden oder das Pflaster.

Vom Himmel werdet ihr nicht viel mehr vernehmen, als dass er in dem lichten *Centro* (Zentrum) in Dreiecke geteilt, was aber eure Augen hierin selbst sehen werden. Jede Seite der Wand war in zehn *Spacia* (Vierecke) abgeteilt und jede mit Figuren und *Sententien* versehen, wie diese in unserem Büchlein *Concentratum* aufs Fleißigste und Treulichste aufgezeichnet.

Der Boden ist ebenfalls in Dreiecke abgeteilt, in denen aber die Herrscher der Unterwelt beschrieben sind. Dieses darf der profanen Welt nicht eröffnet werden, denn es würde missbraucht. Aber im Zusammenhang mit der himmlischen *Antidoto* (Gegengift) verstanden wird. So muss nun der alten bösen Schlange auf den Kopf getreten werden, ohne Scheu und Schaden, wozu sich unser *Seculum* gar wohl gebrauchen lässt.

Von der siebenseitigen Wand wird berichtet, dass in jeder Seite eine extra Tür vorhanden war zu einem Kasten, darinnen unterschiedliche Sachen lagen, besonders aber unsere Bücher, die wir auch besaßen, mitsamt dem

Vocabulario Theoph. B. H. und denen, die wir täglich getreu mitteilen. In diesem Kasten fanden wir sein *Itenarium* und *Vitam*, aus denen wir vieles kannten. In einem anderen Kasten waren Spiegel von mancherlei Tugend als auch anderswo Glöcklein, brennende Ampeln (farbige Lampen), sonderlich etliche wunder künstliche Gesänge. Alles war dahingerichtet, dass auch nach vielen hundert Jahren, falls der ganze Orden der Bruderschaft sollte zugrunde gehen, derselbe durch solches Gewölbe wiederum zu *restituieren* wäre.

Noch hatten wir aber den Leichnam unseres sorgfältigen und klugen Vaters nicht gefunden. Daher rückten wir den Altar beiseite und fanden wieder eine Messingplatte, die man abheben konnte. Darunter befand sich ein schöner, ruhmwürdiger Leib, unversehrt und ohne alle Verwesung. Er war angetan mit allem Ornat und angelegten Stücken im *Conterfeyt* zu sehen. In der Hand hielt er ein Büchlein aus Pergament und mit Gold beschrieben, welches als „T" bezeichnet wurde. Dieses ist nunmehr nach der Bibel unser höchster Schatz. Dieser soll aber nicht so ohne weiteres der Welt *censur* unterworfen werden. Zu Ende dieses Büchleins steht folgendes Elogium: *Granum pectori Jesu insitum*, zu Deutsch: Ein in das Herz Jesu gesätes Samenkorn.

Danach folgt: C. Ros C. ex nobili, atq; splendidia Germaniae R.C. familia oriundud, Vir sui seculi, divinis revelationibus, subtilissimus imaginationibus, indefessis laboribus, ad coelestia atq; humana mysteria, arcanave, admissus, postq., suam (quam Arabico et Affricano itineribus) collegisset, plusq. Regiam aut imperatoriam Gazam, suo seculo nondum convenientem, posteriati eruendum custodivisset, et jam suarum artium, ut et niminis, fidos ac conjunctissiomos haeredes, instituiset, mundum minutam, omnibus motibus magno illi respndentem fabricasset, hocq., tandem praeteriatum prae sertium et futurarum rerum compendio extracto, centenariomajor, non morbo quem ipse nunquam corpore expertus erat, nunq, alios, infestare sinebat) ullo pellente, sed Spiritu Die evovante illuminatam animam (inter fratrum amplexus et ultima oscala) Creatori Deo reddidisset. Pater dilectissimus, Fr. Suavissimus, praeceptor fidelissimus, amicus integerrimus, a suis ad 120 annos hic absonditus est.

Die deutsche Übersetzung: Allhier ist den Augen der Welt von seinen Freunden auf 120 Jahre entzogen worden der Leichnam des C.R. Er war einer vornehmen und adeligen Familie in Deutschland entsprossen und ein sehr großer Mann seines Zeitalters. Durch göttliche Offenbarungen, durch den erhabenen Unterricht und durch unermüdliches Bestreben fand er den Zugang zu allen Geheimnissen und Verborgenheiten des Himmels und der menschlichen Natur.

Auf seinen Reisen durch Arabien und Afrika hatte er einen mehr als königlichen und kaiserlichen Schatz gesammelt, der aber seinem Zeitalter noch nicht angemessen war und deshalb von ihm für eine würdige Nachkommenschaft verborgen wurde. Nachdem er diesen in eine gewisse Richtigkeit gebracht hatte und treue und aufs Genaueste verbundene Erben seiner großen Kenntnisse und seines Namens eingesetzt hatte, baute er eine verjüngte Welt, die allen Bewegungen des großen Weltalls völlig harmonisch war. So fertigte er endlich einen zuverlässigen Auszug aller geschehenen, geschehenden und zukünftigen Begebenheiten an. So gab er, nachdem seine Wallfahrt über einhundert Jahre hinaus sich erstreckt hatte, und wiewohl er ohne irgendein vorangegangenes Gebrechen und Krankheit, die er nie an seinem Leibe erfahren, auch nie an anderen geduldet hätte, sondern auf den Ruf des Geistes Gottes seine erleuchtete Seele, unter der Umarmung und letzten Küssen seiner Brüder in die Hand seines Gottes und Schöpfers zurück. Er, unser geliebtester Vater, treuester Bruder, getreuester Lehrer und aufrichtigster Freund.

Zuunterst hatten sich unterschrieben:

1. Fr. I.A. Fr. C.H. electione fraternitatis caput (durch die Wahl der Bruderschaft damaliges Haupt)
2. Fr. G.V.M.P.G.
3. Fr. R.C. junior haeres S. Spiritus (der jüngere und Erbe des heiligen Geistes)
4. Fr. F.B.M.P.A. pictor et architectus (Maler und Architekt)
5. Fr. G.G.M.P.I. Cabalista (Kabbalist)

Im zweiten Kreis standen folgende Unterschriften:

1. Fr. P.A. Successor Fr. I.O. mathematicus (Nachfolger des Mathematikers)
2. Fr. A. Successor Fr. P.D. (Nachfolger des Fr. P.D.)
3. Fr. R. Successor patris C.R.C. cum Christo triumphantis (Nachfolger des mit Christo triumphierenden Vaters C.R.C.

Ganz am Ende steht geschrieben:

„Ex Deo nascimur,
in Jesu morimur,
per spiritum reviviscimus.“

Zu Deutsch: Aus Gott werden wir geboren, in Jesu sterben wir, durch den heiligen Geist werden wir wieder lebendig.

Scheinbar waren zu dieser Zeit der Fr. I.O. und der Fr. D. bereits verschieden gewesen. Wo aber sind ihre Grabstätten zu finden?

Es zweifelt uns aber gar nicht, ob der alte Bruder *senior* als etwas Besonderes zur Erde gelegt wurde. Vielleicht wurde auch alles verborgen.

Wir hoffen, dass unser Exempel andere erwecken soll, fleißiger ihre Namen, die wir darum eröffnet haben, nachzufragen und deren Begräbnis zu suchen. Es könnte sein, dass vieles wegen der *Medicin* noch unter den alten Leuten bekannt ist und gerühmt wird. Auf diese Weise möchte vielleicht unser *Gaza* bereichert, oder zum wenigsten besser erläutert werden.

Den *minutum mundum* belangend, so haben wir diese in einem anderen Altärlein verwahrt gefunden. Viel schöner, als sich ein verständiger Mensch dies einbilden könnte. Dies aber halten wir in Verwahrung, bis uns auf unsere treuherzige FAMA vertraulich geantwortet wird.

So haben wir die Messingplatte wieder zurechtgelegt, den runden Altar wieder daraufgestellt, die Türe sorgfältig wieder verschlossen und mit aller Sigill gesichert.

Auf Anleitung und Befehl unserer *Rotae*, haben wir etliche Büchlein, darunter auch die dem M. gehören, (die anstatt etlicher Haussorge von dem löblichen M.P. gedichtet wurden) *evulgiert*.

Danach sind wir wieder, nach unserer Gewohnheit, voneinander gegangen und die natürlichen Erben in *possessione* unsere Kleinodien gelassen.

So warten wir darauf, dass uns jetzt von Gelehrten und Ungelehrten Bescheid, ein Urteil oder *Judicium* gegeben werde.“

EXKURS: DAS DREIFACHE GESETZ VOM DREIECK

In der FAMA FRATERNITATIS kommt häufiger die Zahl Drei vor. Diese Zahl hat tatsächlich eine symbolische Bedeutung. Der Volksmund kennt Sprüche wie „aller guten Dinge sind drei", in der kirchlichen Symbolik gibt es den dreieinigen Gott, die Dreifaltigkeit, Vater – Sohn – Heiliger Geist und den berühmten Spruch des Meisters Jesus, mit dem er oft seine Rede einleitete, nämlich: „wahrlich, wahrlich, ich sage euch!", der ja auch aus drei Teilen besteht. Außerdem sind die alten alchymischen vier Elemente bekannt, die ja als Dreiecke dargestellt werden. In den Lehren der alten Rosenkreuzer war die Drei das Symbol für eine perfekte Manifestation, die wir Ihnen hier als das Gesetz vom Dreieck vorstellen möchten, das natürlich selbst wiederum in dreifacher Weise wirkt, so dass man eigentlich „Das dreifache Gesetz des Dreiecks" sagen müsste. Als graphische Darstellung dient uns immer ein gleichseitiges Dreieck. Die drei Formen des Gesetzes des Dreiecks lauten:

1) Das Kausalgesetz, auch das Gesetz von Ursache und Wirkung
2) Das Gesetz des Aufstiegs
3) Das Gesetz der dreifachen Konjunktion

Das **Kausalitätsgesetz** besagt, dass zwei Ursachen nötig sind, um eine Wirkung zu erzielen. Als die zwei Ursachen benötigt man eine aktive, dynamische Kraft, die auf ein passives Etwas wirkt, so dass daraus eine Wirkung entsteht. Dabei müssen die beiden Ursachen in einer verwandtschaftlichen Beziehung stehen. Beispiele: Pluspol – Minuspol – Strom fließt; These – Antithese – Synthese; Kraft – Masse – Bewegung; Finger – Klingelknopf – Klingel ertönt. Die beiden Punkte der Basis des Dreiecks sind die beiden Ursachen, während die Spitze die Wirkung ist. Das Kausalitätsgesetz gibt es in zwei Varianten, die einmal als gleichseitiges Dreieck mit der Spitze nach oben und einmal als gleichseitiges Dreieck mit der Spitze nach unten dargestellt werden. Das gleichseitige Dreieck mit der Spitze nach oben ist das Dreieck der materiellen Ebene, auf der hier die beiden Ursachen angesiedelt sind, die Wirkung oder Manifestation aber auf einer höheren Ebene sind. Das gleichseitige Dreieck mit der Spitze nach unten ist das Dreieck der immateriellen Ebene. Hier liegen die beiden Ursachen auf der geistigen Ebene, die Manifestation aber auf der materiellen.

Das **Gesetz des Aufstiegs** besagt, dass Vervollkommnung in drei Schritten voranschreitet. Als Symbol dient hier ein gleichseitiges Dreieck, das durch zwei waagerechte Striche in drei Ebenen unterteilt ist, wobei die erste Ebene, die 1, unten als Basis und Fundament steht und die dritte Ebene oben an der Spitze als Krönung. Folgende Beispiele verdeutlichen dieses Gesetz:

Materie: Ebene der Elektronen – Ebene der Atome – Ebene der Moleküle

Zelle: Zellkern – Zellleib – Zellmembran
Leben: Zelle – Gewebe – Organismus
oder mineralische Ebene – pflanzliche Ebene – tierische Ebene

Zur Erreichung jeder der drei Stufen ist wiederum die Anwendung des Kausalitätsgesetzes erforderlich. Auf diese Weise sind beide Formen des Dreiecksgesetzes miteinander verbunden. Die erste Form, das Kausalitätsgesetz, ist ein Werkzeug, dessen sich die zweite Form, das Gesetz des Aufstiegs, zur Erreichung seines Zieles bedient.

Das **Gesetz der dreifachen Konjunktion** oder das Gesetz des dreifachen Zusammenkommens ist eine dritte Formulierung, die traditionell überliefert worden ist. Diese dritte Form erklärt, dass sich Vollkommenheit aus **drei** Elementen zusammensetzen muss, die verbunden und vereint werden müssen. Diese Form ist eine Erweiterung des Kausalitätsgesetzes, bei dem nur zwei Elemente verbunden werden müssen. Diese drei Elemente sind:

1) ein aktives, dynamisches, positives Element
2) ein passives, empfangendes, negatives Element
3) ein feinstoffliches Element, das durch die beiden vereinten Elemente hindurch wirkt

Als Beispiel betrachten wir die Struktur des Menschen, wie sie im Symbol des Rosenkreuzes mit einer Rose im

Schnittpunkt dargestellt wird. Der waagerechte Balken symbolisiert den menschlichen Körper, also die materielle Seite des Menschen, das passive, empfängliche Element. Der senkrechte Balken steht für die vitale Lebenskraft, die den Körper belebt und die auch Prana, Nous oder Qi genannt wird und das aktive, dynamische Element ist. Wenn diese beiden Hauptmanifestationen vereint werden, bekommt man das Kreuz, Sinnbild eines lebenden, materiellen Körpers. Die vitale Lebenskraft braucht einen stofflichen Körper, den sie antreiben kann, und ein stofflicher Körper braucht die vitale Lebenskraft, um ein Lebewesen zu werden. Aber dieses Lebewesen ist unvollkommen. Es braucht ein drittes Element, das hinzugefügt wird. Dieses dritte Element ist das universale kosmische Bewusstsein, die sich entfaltende Rosenknospe im Mittelpunkt des Kreuzes, die sich durch den lebenden Körper ausdrückt.

ALLGEMEINE STANDPUNKTE

Die FAMA FRATERNITATIS schreibt weiter:

Wie wir wissen, ist es mit einer allgemeinen *reformation divini et humani* allein nicht getan. Es wäre unser Verlangen, aber auch vieler anderer Hoffnung, dass mehr geschehen möge. Denn, noch ehe die Sonne aufgeht, zeigt sie am Himmel ein helleres oder dunkleres Licht, das Hinweis dafür gibt, dass die Sonne aufgeht. So gibt es eine Reihe von Menschen, die es gerne sehen und sich gerne einsetzen würden, wenn das Licht unserer Fraternität einen Schimmer voraussenden möchte, was sicher das Ansehen und auch die Zahl der Fraternität vermehren würde. Dies könnte auch dem von uns gewünschten und von Fr. R.C. dargestellten philosophischen *canon* einen glücklichen Anfang bereiten. Unsere Schätze, die uns nicht verloren gehen, könnten wir dann in Demut und Liebe genießen und damit die Mühsal dieser Welt überzuckern. Auch würde uns dies ermöglichen, die Wunderwerke Gottes besser zu verstehen.

Damit jeder weiß, wessen Glaubens und Vertrauens wir sind, so bekennen wir uns zur Erkenntnis der Lehre Christi, so wie sie in letzter Zeit besonders in Deutschland hell und klar zutage trat. Mit Schwärmern, Ketzern und falschen Propheten wollen wir nichts zu tun haben und befassen uns auch nicht mit jenen.

Wir erkennen das Römische Reich und *Quartam Monarchiam* für unser und der Christen Haupt. Es ist uns bekannt, dass es einige Änderungen geben wird. Dies würden wir auch gerne anderen Gottes Gelehrten mitteilen. Doch dies ist unsere Schrift, die wir in Händen haben, die uns auch niemand wegnehmen kann, um sie Unwürdigen zu überlassen. Wir werden der *bonae Causae* verborgene Hilfe tun, je nachdem, ob Gott uns dies erlaubt oder nicht. Schließlich ist Gott nicht blind. Unsere *Philosophia* ist gar nicht neu, sondern die gleiche wie sie dem Adam nach seinem Fall gegeben wurde, und wie sie von Moses und Salomon geübt wurde. Sie soll auch nicht viel *Dubitieren* oder andere Meinungen widerlegen, da die Wahrheit einig und kurz ist und immerdar gleich bleibt. Besonders mit Jesu ex *omni parte* und allen *membris* übereinstimmend, so wie es das Ebenbild des *Vatters* ist, so wie sein *Conterfeyt* ist.

So soll es auch nicht heißen *Hoc per Philosophiam verum est, sed per Theologiam falsum*, sondern worinnen es Platon, Aristoteles, Pythagoras und andere getroffen hat, wo Enoch, Abraham, Mose, Salomo den Ausschlag geben, besonders wo das große Wunderbuch *biblia concordiert*. Das alles wird zusammengefügt und wird eine *sphera* oder *globus* dessen *omnes partes* gleich weit vom *Centro* entfernt sind.

Deswegen heißt es in unserer christlichen *Collation* ausführlich weiter: Es ist in unserer Zeit üblich geworden, dass die Goldmacherei überhandgenommen hat, dass viele Scharlatane und ähnliche Personen versuchen, daraus einen Gewinn zu ziehen und auch noch andere Personen Anleitung geben, wie dies scheinbar zu gebrauchen sei. Dies ist der Sache unrühmlich, denn es kann missbraucht werden. Einfache Menschen glauben, dass dies das Wahre sei und wollen sich in der Umwandlung von Metallen üben. Sie glauben, dass dies das Höchste *apex* und *fastigium* in der *Philosophia* wäre und versuchen alles zu tun, um dem großen Gott viel Ehre und Liebe zu erweisen, damit er zuließe, dass sie große Goldmassen herstellen könnten.

Dazu sagen wir: Das ist falsch. Die wahren *Philosophis* sind anders beschaffen und sagen, dass das Goldmachen nur etwas Geringes und ein *parergon* sei. Schließlich gibt es viele andere und bessere Dinge zu tun, die auch segensreicher sind und wirken. So sagen wir zusammen mit unserem lieben Vatter C.R.C. einfach „Pfui *aurum, nisi quantum aurum*". Wem die Prinzipien der Natur bekannt sind, der freut sich nicht, dass er in der Lage sei, Gold zu machen, oder, dass ihm alle Teufel gehorsam seien, sondern er sieht, dass ihm der Himmel offensteht, und sieht die Engel Gottes auf- und niedersteigen und ihm helfen wollend. So weiß er auch, dass sein Name im Buch des Lebens erwähnt ist.

So bezeugen wir auch, dass unter dem chymischen Namen Bücher und Figuren erschienen sind *Contumeliam gloriae Dei*, wie wir solche bezeichnen wollen und die dem reinen Herzen einen *Catalogum* übermitteln wollen. So bitten wir auch alle Gelehrten, um dergleichen Bücher und Schriften gut aufzupassen, denn der Feind wird sein Unkraut säen und wird auch nichts unterlassen, bis es ihm ein Stärkerer vertreibt. So ersuchen wir alle Gelehrten in Europa, nach der Vorgabe des Fr. C.R.C., so wie diese unsere *Famam* (in *fünf* Sprachen ausgesandt) samt der *lateinischen Confession*, lesen werden, dass sie mit wohlbedachtem Gemüt, entsprechend unserer Bitte, ihre Künste aufs Genaueste und Schärfste examinieren sollen, gemäß der gegenwärtigen Zeit auch genau besehen, und ihre Bedenken entweder *Communicato Consilio* oder *singulatim* uns schriftlich im Druck bekanntgegeben, trotzdem wir weder uns noch unsere Zusammenkunft bekannt geben. Sie sollen uns doch gewisslich einen jeden *Judicium* zukommen lassen. In welcher Sprache dies auch sei.

Es soll auch niemand, der seinen Namen angibt, zum Nachteil gereichen, dass er nicht mit uns mündlich in Kontakt komme, oder, wenn er deswegen Bedenken hätte, schriftlich sich zur Sache äußern möge. Daher sagen wir, wer es ernst und herzlich mit uns meint, der soll Gutes an Leib und Seele erfahren. Sollte aber sein Herz falsch oder nur nach Geld gerichtet sein, so wird er uns keinen Schaden bringen, sich selber aber ins höchste Verderben stürzen.

Auch wenn unser Haus und Gebäude von hunderttausend Menschen von nahem gesehen worden wäre, würde die gottlose Welt keinen Zugang finden. Es würde ihr in Ewigkeit verborgen bleiben.

Sub umbra alarum tuarum Jehova
Unter dem Schatten deiner Flügel, Jehova.

SPEZIELLERE BETRACHTUNGEN

Fr. R.C. verlässt Fez

Kommen wir wieder zur Interpretation und Betrachtung der FAMA und erinnern uns an den Text der vergangenen Betrachtung, in dem er Fez verlässt:

„Nach zweyen Jahren verließ Fr. R.C. **Fessam** und fuhr mit vielen köstlichen Stücken in **Hispaniam**, verhoffend, weil es solche Reyse jhme selbsten **so wol angelegt**, da würden sich die Gelehrten **Europae höchlich mit jhme erfreuen**, und nun mehr alle **jhre Studia nach solchen gewissen fundamenten regulieren**: Besprachte sich derowegen mit den gelehrten in Hispania worinnen, es unseren **artibus** fählete, und wie jhnen zu helffen, woraus die gewisse **Indicia** volgender **seculorum** zunehmen, und worinnen sie müssen mit den vergangenen **concordieren** wie der **Ecclesia mangel** und die gantz **Philosophia moralis** zu verbessern: Er zeigte jhnen neue Gewächs, neue Früchte, Thiere die sich nicht nach der **alten Philosophia** richteten, und gab jhnen **newe axiomata** für die Hand, so durchaus **alles salvierten**, aber es war jhnen alle lächerlich, und weil es noch new, besorgten sie, jhr großer Name würde geschmälert, so sie erst lernen und jhre vieljährige jrrungen bekennen sollten, **der jhren weren sie gewohnet**, und hette jhnen auch genug eingetragen: Ein anderer, denn mit Unruhe gedienet, möchte eben wohl reformieren.

Diß Liedlein wurde jhme von **anderen Nationen** auch vorgesungen, welches jhnen desto mehr bewegt, weil er sichs im wenigsten nicht versehen, und nun bereit were, alle seine Künste williglich den Gelehrten mitzuteulen, da sie allein solcher Mühe, nicht verkraften könnten."

Betrachten wir nun einige der markierten Texte:

Fessam: Stadt Fez in Marokko, der Zustand dieser angedeuteten Betrachtung

Hispaniam: Spanien, das Land der wenigsten Fortschritte in Bezug auf freiheitliche Gesinnung, damals

So wol angelegt: von ihm so besonders ausgedacht

Europae: Europa, damals bekannte Welt der Zivilisation

Höchlich mit Jhme erfreuen: zusammen mit ihm begeistern

Jhre Studia: ihre Studien und Erfahrungen

Nach solchen gewissen fundamentalen regulieren: Er glaubte, dass man sich nach seinen Hinweisen auf eine gemeinsame fundamentale Basis einigen könnte; Prüfungen seien aber notwendig.

Artibus: Mitarbeitern, Kollegen in Spanien; die Art, wie diese arbeiten

Indicia seculorum: ewige Voraussetzungen

Concordieren: vergleichen; die ewigen Voraussetzungen müssten verglichen werden mit der Art und Weise der Handhabung der Vergangenheit, da vieles nicht stimmte.

Ecclesia mangel: Die innere Kirche (die Illuminaten) sei nicht gut ausgebaut und würde nicht benutzt; das Kosmische Sanktum ist nicht eingerichtet und wird deshalb auch nicht benützt.

Philosophia moralis: Die ganze Philosophie der Gelehrten in Spanien müsste geändert und verbessert werden.

Alte Philosophia: Die Philosophie müsste von Grund aus geändert werden, damit die Überlegungen über vorhandene Möglichkeiten und neuen, noch zu errichtenden Möglichkeiten genauer untersucht würden.

Newe axiomata: neue Vorschläge und Unterlagen zur Verbesserung der Philosophie und dadurch mehr Möglichkeiten, Neues hervorzubringen; neue unfehlbare Regeln der ganzen Natur

Alles salvierten: Das Alte wurde nicht verworfen, sondern war im Neuen enthalten.

Der jhren weren sie gewohnt: Nichts Neues wurde angenommen, da man auf das Alte, das man kannte, nicht verzichten wollte. Außerdem waren sie bekannt durch ihre jetzigen Berichte, Anschauungen und Erkenntnisse, und sie befürchteten, durch Neuerungen würde dies alles, das so schön im Fluss war, reformiert werden. Ihre Berühmtheit würde abnehmen.

Diß Liedlein von anderen Nationen: Diese Worte der Zurückweisungen war Frater R.C. auch von anderen Nationen und Völkern her gewohnt.

Der Konsens dieses Teiles des Textes lässt auf Folgendes schließen:

C.R. wurde initiiert und erlebte vieles auf seiner Initiationsreise und erfuhr viel Neues unterwegs. Alles merkte er sich, machte Aufzeichnungen noch und noch und wollte nun sein frisch erworbenes Wissen unter den Menschen verteilen. Er war davon überzeugt, dass alles, was ihm neu und wunderbar dünkte, sofort weitergegeben werden müsste. Und dabei wurde er enttäuscht! Schließlich erging es ihm wie anderen Suchern auch. Wenn sie etwas gefunden hatten, glaubten sie, es sofort weitergeben zu müssen. Dabei muss das neue Wissen erst verarbeitet werden, es muss zuerst praktiziert, probiert und angewandt werden, damit eigene Erfahrungen vorhanden sind, auf die man zurückgreifen kann. Dies ist ein ehernes Prinzip, das aus dem Hermetischen überliefert ist und das nach wie vor Gültigkeit hat. Soll eine Erkenntnis wirksam sein, dann nur, wenn sie selbst angewandt wurde. Bei Frater

R.C. dauerte es fünf Jahre (Menschwerdung: vier Elemente koordiniert und Quintessenz erkannt), bis er aufs Neue mit seinen Belehrungen an die Öffentlichkeit trat. Er hatte vieles erfahren und ausprobiert und sich gründlich vorbereitet. So sah er sich nach Gleichgesinnten und Erfahrenen um, mit denen er die Bruderschaft gründete und seinem Wissen einen guten Platz gab, weitergegeben zu werden an Menschen, die danach verlangten. In einer Zeit der Umformung und Änderung der Strukturen hatten sie alle Hände voll zu tun, um die überlieferten Strukturen einer Reform zu unterziehen und die neu gefundenen Strukturen mit den alten zu verbinden und mit neuem Leben zu erfüllen.

Je nachdem, wie wir uns selbst bemühen, erblüht die Rose im Schnittpunkt des Kreuzes als Resultat der Bemühungen eines Menschen, der seiner Seele, seinem Bewusstsein zum Ausdruck verhelfen will. Wenn die Rosenknospe sich entfaltet, deutet dies darauf hin, dass das Bewusstsein aktiviert und sensibilisiert wird.

Das feurige Dreieck

Die FAMA FRATERNITATIS berichtet:

„Es ist uns bewusst, dass die Welt schon immer mit so großartigen Gedanken und aufregenden Ideen schwanger einherging und an deren Geburt gearbeitet hat. Auch hat es unverdrossene und rühmliche Helden gegeben, die mit viel Gewalt durch die Finsternis und Barbareien hindurch gebrochen sind, was den Nachfolgern überliefert wurde und für die Schwächeren zum Nachlesen bereit war. Zu solchen heroischen Zeiten war die Spitze **in Trigono igneo** gewesen, dessen Flammen heller leuchteten und die einmal der Welt den letzten Brand bescheren und anzünden wird. Ein solcher Held ist auch in seiner **Vokation** gewesen: **Theophrastus**, der aber nicht unserer Fraternität beigetreten ist. Er hatte das Librum M. fleißig gelesen und sein scharfes **Ingenium** dadurch angezündet. Dieser Mann aber wurde von den Gelehrten und Naseweisen in seinem besten Lauf gehindert, seine Bedenken und Erkenntnisse der Natur nicht mehr mit den anderen friedlich **conferieren** zu können. Daher hatte er in seinen Schriften immer mehr den Fürwitzigen gespottet, so dass er sich nicht mehr hat sehen lassen können. Die gedachte **Harmonia** ist aber bei ihm gründlich zu finden, die er ohne Zweifel den Gebildeten mitgeteilt hätte, da er sie größerer Kunst befunden hätte als nur **subtiles vexieren**. So hat er mit seinem freien unachtsamen Leben seine Zeit verloren und damit der Welt ihre törichte Freude gelassen."

Lassen Sie uns nun zum besseren Verständnis des FAMA-Textes einige Ausdrücke und Bezeichnungen näher betrachten:

In Trigono igneo: die Pyramide des Feuerdreiecks Widder-Löwe-Schütze

Vokation: Berufung

Theophrastus: Paracelsus

Ingenium: hohe Anlagen, Talente

Conferieren: darüber sprechen

Harmonia: Übereinstimmung mit dem Universum

Subtiles vexieren: feine Andeutungen, höfische Sprache

Einige Begriffe aus dem Originaltext seien hier zusätzlich aufgeführt:
Faculteten, scientien: alle Fakultäten der Wissenschaften

Einigen Centro: das einzige oder vereinte Zentrum für alles; die einzige Realität

Ein Societet: eine Gesellschaft von Gelehrten, die über alles Bescheid wissen, die aber auch genügend Erfahrungen mit diesem Wissen besitzen, um den Königen (Regierenden) diese Erfahrungen zur Verfügung zu stellen

Propositis: das Wissen nach vorher ausgemachten Vorschlägen zur Verfügung stellen

Gold und Edelstein: besondere Erfahrungen von hohem und höchstem Wert

Das Haus

Die FAMA FRATERNITATIS berichtet:

„Jetzt wollen wir aber unseren geliebten Fr. R.C. nicht vergessen, der nach vielen mühseligen Reisen und übel angelegten, **treuen Informationen** [er hatte Kenntnisse allen vorurteilslos eröffnet, ohne Widerhall zu finden] wieder in Deutschland angekommen ist, welches Land er herzlich liebhatte, auch darum, da er an künftigen Änderungen und wunderbare gefährliche Kämpfe dachte. Obwohl er mit seiner Kunst, besonders **de transmutatione metallorum wol hette prangen können** ließ er doch den Himmel und dessen Bürger, den Menschen, viel höher angelegen sein denn aller Pracht. Er baute sich eine **fügliche und saubere Habitation**, in welcher er seine Reisen und seine philosophischen Gedanken **ruminierte** und in ein **gewiss Memorial** brachte. In diesem Haus hat er eine gute Zeit mit der Mathematik zugebracht und hat viele **schöne Instrumente** zugerichtet. Davon ist uns nur wenig verblieben, doch Folgendes ist zu vernehmen:

Nach fünf Jahren kam ihm die erwünschte Reformation wieder in den Sinn. Aus seiner Erinnerung wusste er, dass er am Beistand und Hilfe anderer Personen verzagte, er aber für seine Person arbeitsam, hurtig und unverdrossen war, will er mit **wenigen Adjuncten und Collaboranten** selbst eine solche Reformation beginnen. Daher begehrt er aus seinem Kloster, als zu welchem er **besonderen affect** trug, drei seiner Mitbrüder, die Fratres **G.V. & I.A. & I.O.** als welche etwas mehr bedeuteten, als dies in Künsten sonst der Fall war, damals gemein gesehen. Diese drei verobligierte er sich aufs Höchste, treu emsig und verschwiegen zu sein, auch alles das, zu dem er ihnen würde Anleitung geben, mit höchstem Fleiß aufs Papier zu bringen, damit die **Posterität**, so durch besondere Offenbarungen künftig sollen zugelassen werden [eine Auswahl soll getroffen werden], auch nicht mit einer Silbe oder Buchstaben betrogen wird. Also begann die Bruderschaft des R.C. unter **vier Personen**. Durch diese wurde zugerichtet die **magische Sprache und Schrift** mit einem weitläufigen **Vocabulario**, an dem wir uns heute noch erfreuen und das wir zur Ehre Gottes und seinem Ruhm gebrauchen. Große Weisheit finden wir darin. So wurde auch der erste Teil des **Buches M.** angefertigt. Viele Kranke kamen gelaufen, was die Brüder an ihrer Arbeit hinderte.

Das neue Gebäude Sanctus Spiritus genannt, wurde vollendet. Daher beschlossen sie, noch weitere Personen in ihre Gesell- und Bruderschaft aufzunehmen. Dazu wurden auserwählt **Fr. R.C.**, seines verstorbenen Vaters Bruder Sohn, **Fr. B.**, ein geschickter Maler; **G.G.** und **P.D.**, ihre Schreiber. Alle waren sie deutsche bis an **I.A.**, so dass sie also **acht** Personen waren. Alle waren sie **ledigen Standes** und **verlobter Jungfrauschaft**. So bildeten sie ein gewisses Volumen, das alles enthielt, was ein Mensch sich selbst wünschen, begehren oder hoffen kann. Freiwillig bekennen die Brüder, dass sich die Welt in hundert Jahren trefflich gebessert habe. Trotzdem, so bekennen sie, würde ihre **Axiomata** unbeweglich, also unverändert bleiben bis an den jüngsten Tag. So alt die Welt auch werde, nichts von all dem wird sie zu sehen bekommen. Unsere **Rotae** beginnt an dem Tag, da Gott sprach: **FIAT** und wird enden an dem Tag, wenn er sprechen wird **Pereat**. Aber, Gottes Uhr schlägt alle Minuten, unsere kaum die ganze Stunde.

So glauben wir auch, wenn unsere Brüder und Väter in unserer Zeit leben würden und in unserem hellen Licht eingetaucht wären, dass sie allen üblen Widerständen noch mehr getrotzt hätten und ihr hilfreiches Gemüt nicht nur mit Seufzern und Wünschen **Consumation** erwiesen hätten. Als diese acht Brüder alles gerichtet disponiert hatten, keine besondere Arbeit mehr vonnöten war, und jeder einen vollkommenen **discurs** der **heimlichen und offenbaren Philosophie** hatte, wollten sie auch nicht länger beieinanderbleiben, sondern, wie es anfangs verglichen war, verteilten sie sich in alle Länder, damit nicht nur ihre **Axiomata** im Geheimen von den Gelehrten schärfer examiniert würde, sondern auch sie selbst. Schließlich könnte es sein, dass in dem einen oder anderen Land durch **observation** doch einige Irrungen entständen. Diese sollten sie einander berichten. So trennten sie sich, nicht jedoch ohne vorher einige Abmachungen zu haben, zu denen sie sich verpflichteten:

1. Keiner sollte sich einer anderen Profession annehmen, als Kranke zu kurieren und dies alles umsonst.
2. Keiner sollte genötigt sein, von der Bruderschaft wegen ein gewisses Kleid zu tragen, sondern sich der Landesart gebrauchen.
3. Ein jeder Bruder sollte alle Jahre sich auf den Tag C bei Sanctus Spiritus einstellen oder seines Ausbleibens Ursache schicken.
4. Ein jeder Bruder sollte sich um eine tüchtige Person umsehen, die die es wert war, seine Arbeit auf alle Fälle fortzusetzen.
5. Das Wort R.C. sollte ihr Siegel, Losung und Character sein.
6. Die Bruderschaft sollte einhundert Jahre verschwiegen bleiben.

Auf diese sechs Artikel verpflichteten sie sich einander und fünf der Brüder zogen davon. Nur die Brüder B. und D. blieben bei Fr. R.C. ein Jahr lang. Und als diese auch auszogen blieb bei ihm sein Vetter und Fr. I.O., damit er, solange er lebe, immer zwei von ihnen bei sich hatte.

Aus den Aufzeichnungen der Nachfolger wissen wir, dass die Brüder alle Jahre mit Freuden am Tag C zusammenkamen und ihres Verrichtens ausführlich *Relation* gaben. So muss es sehr schön und auch lieblich gewesen sein, so Gott in der Welt hin und wieder seine Wunder ausgestreut hatte, wahrhaftiglich und ohne Gedicht davon anhören zu erzählen."

Damit das zuvor Gesagte besser verstanden werden kann, sollen noch einige weitere Erklärungen abgegeben werden:

Treue Information: alle wahren Erkenntnisse, ohne Ausnahme

De transmutatione metallorum: Umwandlung von einfachen Metallen in Gold und andere edle Metalle

Wol hette können prangen: Er hätte leicht angeben und prahlen können wegen seiner Kenntnisse bei der Umformung der Metalle, was er aber nicht tat.

Fügliche und saubere habitation: eine gute Wohnung zum angenehmen Aufenthalt

Gewiss Memorial: ordentliche Aufzeichnungen

Schöne Instrumente: Seine psychischen Zentren hat er entwickelt.

Wenige Adjuncten und Collaboranten: Vorhandene Kräfte wurden aus der materiellen Welt geholt.

Besonderen affect: eine gute Wertschätzung

Drei Mitbrüder: Fr. G.V.; Fr. I.A.; Fr. I.O.
Fr. G.V. = Gimel,Vav = 3 + 6 = 9 = der Mittelpunkt

	Fr. I.A. = Jod, Aleph = 10 + 1 = 11 =
Wo? Wo ist es?	Fr. I.O. = Jod, Ayin = 10 + 70 = 80 = Peh = der Mund als Sprachorgan 80 + 11 + 9 = 100 = Qoph = Madaum = Anstrengung = physischer Wiederaufbau im Schlaf

Der Grundsatz der Esoterik ist: Selbstausdruck; Selbstbefragung durch Konzentration auf den Mittelpunkt.

Posterität: Nachwelt, Nachfolger

Vier Personen: Beginn der Bruderschaft mit vier Personen; vier ist die Beständigkeit (C.R. & G.V. & I.A. & I.O.)

Magische Sprache und Schrift: geheime esoterische und okkulte Sprache

Vocabulario: richtige Beschreibung

Buch M.: Liber Mundi, Buch der Welt, der Natur

Gebäude Sanctus Spiritus: Gebäude des Heiligen Geistes, Kosmisches Sanktum

Vier weitere Personen: Barmherzigkeit (Fr. R.C. & Fr. B. & G.G. & P.D.)

Fr. R.C. = Rach = Zartheit
Fr. B. = Beth = Haus, Obdach
G.G. = Gimel, Gimel = Entschlusskraft
P.D. = Peh, Daleth = Ausbreitung, Initiationen

Acht Personen: Kraft und Energie wurden zusammengeführt, gemeinsame Arbeit.

Ledigen Standes: Sie hatten keine Bindungen zu anderen Organisationen.

Verlobte Jungfrauschaft: Sie wollten keine andere Verbindung eingehen.

Axiomata: unveränderliche Regeln, Lehrsätze

Rotae: Lebensrad, Beweglichkeit, Tätigkeit

Fiat: Es werde Licht, etwas soll beginnen.

Pereat: Es möge aufhören, es ist genug.

Consumation: allgemeine Ansicht, Zeit unnütz verstreichen lassen (lat. consumo)

Discurs: Ausbildung, Kursus

Heimliche Philosophie: nicht öffentliche, nicht bekannte Philosophie, Esoterik

Offenbare Philosophie: allgemein bekannte Philosophie

Observation: Beobachtung, Nachforschungen

Betrachten wir die Abmachungen:

1. Sich zu nichts anderem zu bekennen, als Kranke umsonst zu heilen. Profession hat nichts mit Beruf zu tun, sondern bedeutet sich bekennen, seine Befähigung bekanntgeben. Andere Fähigkeiten sollen nicht bekannt gemacht werden. Entweder wirken wir durch das, was wir sind, oder gar nicht.
2. Sich dem Brauchtum anschließen. Man trage nach der Landesart. Den Wandel des Brauchtums mitmachen. Einsicht in die besonderen Lebensformen ist wichtig. Dadurch können auch Gefahren erkannt werden, die im Brauchtum verborgen sind. Man entwickelt Geschick im Umgang mit anderen Kulturen. Liebe praktizieren. Der Kern des Übels ist gut, denn Übel ist Fehldeutung des Kerns. Die Verringerung eines Übels ist eine gute Tat. Eine gute Tat aber ist keine Drohung. Drohung ist nicht die Art von R.C. Die Menschen begleiten ist die Aufgabe eines R.C.
3. Alljährlich am Tag C sich im Hause Sanctus Spiritus einfinden, um mit dem Bewusstsein der anderen verbunden sein. Dies erweitert den Bewusstseinszustand für die Empfänglichkeit von oben. Der Tag C ist der hundertste Tag nach dem Frühjahrs-Equinox. Bei Nichterscheinen soll die Ursa-

che des Ausbleibens mitgeteilt werden. Vielleicht ist brüderliche Hilfe erforderlich. Umsicht und Vorsicht sind gefragt.

4. Ein Nachfolger soll gesucht werden. Es ist keine Nachfolge der Person, sondern eine Weiterentwicklung der besonderen Aufgabe des Vorgängers. Der Nachfolger muss das Wesen der Nachfolge kennen. Durch Betreuung vieler Schüler ist die Wahl eines Nachfolgers schwierig. Jeder einzelne Schüler hat die Pflicht und die Verantwortung, sich zu einem guten Schüler zu entwickeln.
5. Das Wort R.C. soll Siegel, Losung und Character sein. Es ist nicht das Wort R.C. gemeint, sondern das Wort, das durch die Buchstaben R und C gebildet wird: Rach = Sanftheit, Langmut. Was aber ist Langmut? Das Gegenteil von Ungeduld. R.C. ist das Ergebnis einer weltumspannenden Initiationsreise.
6. Die Bruderschaft soll 100 Jahre verschwiegen bleiben. 100 Jahre ist ein Zeitalter = Letter Qoph = Erneuerung im Schlaf. Sie ist unsichtbar und verschwiegen. Wachsen und heilen in der Nacht macht keinen Lärm. Der wahre und unsichtbare Orden muss schweigen! Es ist an den Brüdern, vom Orden Kunde zu geben.

Zu diesen sechs Punkten der Abmachung sei noch Folgendes vermerkt: Die Bruderschaft benötigt ein geistiges, verbindliches Band, denn der Zusammenhang ist entscheidend. Die Details müssen im Zusammenhang entdeckt werden. Die sechs Punkte der Abmachung deuten auf einen Würfel hin, der aufgeklappt werden muss und so das Rosenkreuz ergibt. Aber auch der Sechsstern (Hexagramm) wird damit angesprochen. Die Rosenkreuzer wollen den Adel des Menschen, sie wollen auch dessen Befreiung von der Furcht, von der Angst. Eine Umpolung des menschlichen Bewusstseins soll geschehen.

Zum Bekenntnis der FAMA FRATERNITATIS soll auch erwähnt werden, dass die Brüder mitteilten,

„dass solche Personen, die von Gott und der ganzen himmlischen *Machina* zusammengerichtet, ausgewählt und geleitet wurden, die von den weisesten Männern, so in etlichen *Seculis* gelebt, ausgelesen wurden in höchster Einigkeit, größter Verschwiegenheit und möglichster Guttätigkeit unter sich selbsten und unter anderen gelebt haben. In solchem löblichsten Wandel ging ihr Leben dahin. Wiewohl ihre Leiber aller Krankheit und Schmerzen befreit waren, konnten doch die Seelen die bestimmten Punkte der Auflösung nicht überschreiten. Der erste aus der Fraternität war Fr. I.O., der in England starb. Er war in der Kabbalah sehr bewandert und besonders gelehrt, wie denn auch sein Büchlein „H“ genannt, solches bezeuget. Die Brüder hatten beschlossen, dass so viel als möglich ihre Begräbnisse verborgen bleiben sollen, wie wir auch heutigen Tages noch nicht wissen, wo sie geblieben sind. Doch die Stelle eines jeden ist mit einem tauglichen Successor ersetzt worden. Gott zu Ehren wollen wir bestätigen, dass durch das, was wir aus dem Buch

M. heimlich erfahren, uns doch weder unser Unglück noch Sterbestündlein bewusst ist, was uns der große Gott vorenthält. Schließlich will er uns in steter Bereitschaft haben. In unserer CONFESSIO FRATERNITATIS werden wir erwähnen, warum wir jetzt unsere Bruderschaft eröffnen und solche hohe Mysteria freiwillig, ungezwungen und ohne alle Belohnung anbieten. Europa geht schwanger und wird ein starkes Kind gebären, das ein großes Gevatterngeld haben muss."

Wie das Grab gefunden wird

Erinnern Sie sich kurz daran, wie das Grab gefunden wird: Bruder N.N. aus der dritten Generation will das Gebäude umbauen. Um eine Messingtafel zu entfernen, muss er einen Nagel aus der Wand ziehen, so dass ein großer Stein aus dem „Gemawer oder Incrustation" herausfällt. Dahinter wird der Eingang zum Grabgewölbe entdeckt. Das nicht bekannte Grabmal des Fraters C.R.C. wurde also zufällig gefunden. Die Lehren der Rosenkreuzer besagen, dass es keine Zufälle gibt, dass alles gewissermaßen vorbereitet ist „seit Ewigkeit". Die Bruderschaft arbeitet immer im Vorhinein, so dass eigentlich die nötigen Nachfolger gefunden werden, was besagt, dass jeder Bruder Umschau halten muss nach Personen, die er zu trainieren hat, um die daraus geeigneten Personen zu erwählen, die nach gutem Training als Nachfolger in Frage kommen. Hier sei betont, dass nicht der Nachfolger der Person, des Bruders gefunden werden soll, sondern Nachfolger für die Weiterführung der Arbeit, damit diese keine Unterbrechung erleidet.

So war der Frater N.N. dabei, etwas Ordnung in das Haus der Bruderschaft zu bringen, als er auf die Messingplatte stieß, die die Namen der Gründer der Bruderschaft enthielt. Er wollte diesen Fund an einen Ort bringen, wo sie besser gesehen würde. Bei dieser Arbeit (dem Entfernen der Tafel) entdeckte er die geheime Tür, die zu dem lange gesuchten Grabmal führte. Es ist zu beachten, dass die Mauerreste sofort beseitigt wurden, die die Tür verdeckten. Doch das Öffnen der Tür wurde erst am anderen Morgen vorgenommen, nachdem die Brüder am Abend zuvor erst ihre Rota befragen wollten. Diese Befragung der Rota scheint gut ausgegangen zu sein, denn sie öffneten die Tür. Zum Vorschein kam ein hellerleuchtetes Gewölbe von sieben Seiten und sieben Ecken. Die wahre Sonne aber hatte dieses Gewölbe nie beschienen, so berichtete die FAMA. Da es aber hell war, muss eine künstliche Beleuchtung darin gewesen sein. Es muss nachgedacht werden, was diese künstliche Beleuchtung ausgelöst hat. Vielleicht die Gedanken der Brüder, die die Tür öffneten? Sicher waren sie von Ehrfurcht ergriffen, denn die FAMA schreibt, dass sie niederknieten und Gott dankten für die Führung zur Tür und deren Öffnung. Gleichzeitig nahmen sie die Dreiecke wahr, die an der Bühne oder Decke und auf dem Fußboden angebracht waren. Es ist durchaus verständlich, wenn mit der Helligkeit des Gewölbes die Illumination der Brüder angedeutet wurde. Es ist auch überliefert, dass die sieben Seiten des Gewölbes farbig waren, versehen mit den Farben der überlieferten traditionellen sieben Planeten. Jede der sieben Seiten war in zehn Vierecke eingeteilt, eines der Vierecke versehen mit einer Tür, hinter der allerhand verborgen war. Es waren Bücher und Schriften darin verborgen, unter anderem auch die Aufzeichnung des Vatter Fr. C.R. und seine Reiseberichte. Daraus wussten wir schon einiges, doch fanden wir hier noch vieles, das wir noch nicht wussten.

In anderen der verschiedenen Kasten waren Aufzeichnungen über einige der Tugenden oder Lebensregeln. Glöcklein wurden gefunden, die sich als Instrumente zum Töne erzeugen entpuppten, brennende Ampeln wurden entdeckt, was gewissermaßen farbige Lampen waren. Künstliche Gesänge kamen zum Vorschein, wozu wir heute Vokalklänge sagen, auch Mantra-Übungen dabei. Im Allgemeinen gesagt, all jene Dinge, die man benötigt, um den Orden wieder zu restituieren, wieder zu errichten, sollte er einmal nach vielen hundert Jahren verloren gehen. In einigen solcher Gewölbe ist das alles zu finden.

In der Mitte des siebeneckigen Gewölbes stand ein runder Altar mit einer Messingplatte belegt, mit den schon erwähnten Inschriften. Ein runder Altar, als Symbol höchster Verehrung und Opferung. Diesen Altar rückten wir beiseite und entdeckten wiederum eine Messingplatte, die viel stärker war als die Platte des Altars. Es wurde versucht, diese Platte anzuheben, was auch gelang. Darunter nun entdeckten wir den Leichnam des Vatters C.R.C., noch total unversehrt, ohne jegliche Verwesung. Er war herrlich anzusehen, wie er so dalag, mit seinem Konterfei, versehen mit allem Ornat, sowie allen besonderen Zeichen und Symbolen. In seiner Hand hielt er ein Büchlein, Pergament mit goldener Schrift mit dem Titel „T", was auf Tarot schließen lässt und das nach der Bibel der höchste Schatz der Bruderschaft war. Dieses Büchlein „T" soll der allgemeinen Welt nicht zugänglich gemacht werden, da es ein Schatz bleiben soll. Am Ende des Büchleins steht ein Elogium, das beginnt mit: Ein in das Herz Jesu gesätes Samenkorn.

GEDANKEN AUS DEM 8. MANUSKRIPT

Die FAMA ist eine Schrift, die zu Beginn des 17. Jahrhunderts erschienen ist und die Fantasie der Menschen anregte, die in der Lage waren, sie zu lesen. Die FAMA bringt keine definitiven Mitteilungen, sondern sie ist offen und regt zu lebendigem Denken an. Sie ist in einer geheimen Sprache geschrieben, gewissermaßen in einer Symbolsprache, die an die damalige Zeit und entsprechenden Kulturraum gebunden war. Sie berichtet eine Legende, die aber durch Wissen erschließbar wird. Ein Bewusstseinswandel sollte erfolgen, weg vom Ratio-mentalen Bewusstsein zum Bewusstsein der Weisheit hin, das ohne Alter ist. Diese offenbarte Weisheit ist erschließbar aus dem hebräischen Alphabet. Das Psychische darf nicht vernachlässigt, sollte aber auch nicht vorrangig behandelt werden. Das Wissen kommt nicht von den Gestaden des Mittelmeeres, sondern von den Eisbergen, den hohen Bergen mit ewigem Eis, wie auch das Wasser des Lebens, das in das Tal hinabstürzt, um die Täler fruchtbar zu machen. So ist es auch in den einzelnen Motiven des Tarots zu sehen.

Die FAMA will erschlossen werden. Sie ist nicht für Neugierige gedacht, sondern für solche Menschen, die sehr interessiert sind. Sie wendet sich hauptsächlich an die Häupter und Gelehrten in Europa. Sie erzählt in symbolischer Sprache von der Initiationsreise des Ordensgründers, von seinen Erlebnissen und Erfahrungen, durch die er zur Gründung des Ordens gelangte. Diese Geschichte macht den ersten Teil der Fama aus.

Die Initiationsreise wurde durch fünf Stationen geführt: Zypern, Damaskus, Damcar, Ägypten und Fez in Marokko. Diese Reise dauerte sieben Jahre. Die Initiation ist ein ständiger Kreisprozess, dessen Anfang das Ende ist und im Ende ist der Anfang enthalten. Im geistigen Bereich gibt es keinen Fortschritt ohne Wiederholung. Als der Fr. C.R. die Station Fez verlässt, zählte er 22 Jahre. Die Zahl 22 ist die Kreiszahl und bedeutet soviel wie Annäherung an den Kreis, dessen Durchmesser die Zahl sieben ist. Die Altersangabe bezieht sich immer auf das okkulte Alter, auf die innerer Reife. Der Initiationsgang ist jetzt beendet und die Arbeit des Menschen beginnt. Wie die FAMA weiter berichtete, hatte der Eingeweihte große Schwierigkeiten mit der Verbreitung seines Wissens, er wurde in den konservativen Ländern abgelehnt. So kehrt er nach Hause zurück, wo er sich neu einrichtet und mit seiner Arbeit beginnt. Vor allem wiederholt er alle seine Erlebnisse und Erfahrungen und bringt sie in eine gute Ordnung, das heißt, er notiert alles sehr sorgfältig und hebt es gut greifbar auf. Er benötigt fünf Jahre, um die Meisterschaft zu erreichen. Er ist auf dem Wege nach dem Arkanum, dem Geheimnis, das alles enthält. Erst nachdem er das Arkanum gefunden hatte, entschließt er sich, den Orden zu gründen. Das Arkanum war in einem Kasten verborgen und entpuppte sich als ein Würfel mit einer Rose.

Seine Initiationsreise führte ihn einen Weg entlang, an dem tote Symbole zu erkennen waren. Diese toten Symbole musste er lebendig machen und beleben, und zwar in sich selbst lebendig machen, zum Leben erwecken. Diese Symbole wurden zu seinem Lebenselixier. So auch die fünfblättrige Rose, die einfach und schlicht ist. Die fünf Kelchblätter der Rose weisen auf das Pentagramm hin, dem Symbol des Menschen, das er während der fünf Jahre Arbeit zu einem lebendigen Symbol werden ließ. Diese Symbolarbeit führte ihn zum Verständnis der hohen eisigen Berge im Tarot und brachte ihm die Aufschlüsselung der fünfblättrigen Rose. Er hatte die Bedeutung dieser Sache erfahren: Nur mit göttlicher Liebe hat er die Befreiung der Natur zu ihrem wahren Ausdruck erkannt. Er erfuhr auch, was es heißt, sich anderen Menschen zuzuwenden. Das Gemüt des Menschen muss wachsen, um über den Dingen stehen zu können.

Das Verborgene liegt hinter dem Geoffenbarten, denn es kann nur durch das Offenbare erkannt werden. Die Einheit muss in der Vielheit erkannt werden, die Einheit in der offenbarten Welt. Es ist die Kunst des Durchblickes durch die Vielheit der Erscheinungen, die alle zur Einheit gehören. Diese Kunst wächst, wenn man sich mit Leib und Seele der Schöpfung zuwendet.

Der Mensch mit seiner Zahl fünf reflektiert das Ganze in fünf Dimensionen. Er ist der Brennpunkt der geoffenbarten Welt, die nur durch die Sinne erklärbar und fassbar wird. Daher muss der Mensch seine Sinne kultivieren und eine Ehrfurcht erhalten, die ihn aus den Alpträumen des Lebens errettet und ihm das Geistige erschließt. Ehrfurcht beginnt mit dem Erstaunen vor den Wundern der sich offenbarenden Schöpfungsmacht. So heißt es für ihn, wach zu sein für diese Schöpfungsmacht, für den Schöpfungswillen, der den Suchenden die Schöpfungsmacht offenbar macht. Es sind die Wunder des Einen, wie dies in der Smaragdtafel des Hermes Trismegistos im Einklang mit den oberen und unteren Mächten ausgedrückt wird. Diese Einheit offenbart sich in der Mannigfaltigkeit der Erscheinungen. Die Wunder dienen dazu, dass der Mensch von der Erde aufsteigen und wieder absteigen kann. So können die fünf Sinne die richtigen Instrumente sein, um in das Herz der Dinge zu gelangen.

Jeder Sucher auf dem Pfad muss sich selbst entdecken durch die Kultivierung des Denkens. Nach fünf Jahren des Überblickens und Nachdenkens kam dem Fr. R.C. die Reformation des Geistes, des Bewusstseins, wieder in den Sinn. Er überlegte, dass er es allein nicht schaffen würde und erbat aus seinem ersten Kloster drei seiner Mitbrüder: Fr. G.V. als den Mittelpunkt des Geschehens, Fr. I.A. als denjenigen, der den Ort bestimmen sollte und Fr. I.O., der der Sprecher des Ganzen, also der Propagandist sein sollte. Es ist ein Grundsatz aller Esoterik, Selbstausdruck zu bringen, eine Selbstbefragung durch Konzentration zum Mittelpunkt hin durchzuführen. Es waren also gewisse Anstrengungen zu unternehmen, um dem physischen Wiederaufbau zu entsprechen.

Diese drei Brüder verband er an sich mit bestimmten Versprechungen, dass sie treu sein, emsig arbeiten sollten und obendrein verschwiegen seien. Auch sollten sie alles, was er ihnen offenbarte, fleißig notieren, damit die Nachfolger, die durch besondere Offenbarungen zugelassen würden zur Fraternität, auch alles erfahren könnten. Es sollte nichts verloren gehen. So begann die Bruderschaft zunächst mit vier Personen. Sie begannen die magische Sprache mit einem weitläufigen Vokabular zu errichten, die auch heutigen Tages noch zu Gottes Ehre und Ruhm benutzt wird. Große Weisheit kann darin gefunden werden. So fertigten sie auch den ersten Teil des Liber M. an. Sie waren sehr beschäftigt und hatten alle Hände voll zu tun. Sie waren ihrer nur vier, was der Beständigkeit entspricht. Die vier ist ein Gegenüber von zwei Paaren, die miteinander verbunden sind.

So wurde auch das Haus Sanctus Spiritus vollendet. Da ein Großteil der Vorbereitungen vollendet war und zahlreiche Kranke kamen, beschlossen sie noch andere Personen in ihre Bruder- oder Gesellschaft aufzunehmen. So wurde eine Erweiterung durchgeführt und folgende Personen aufgenommen: Fr. R.C., sein Vetter, der sich durch große Barmherzigkeit auszeichnete; Fr. B. wurde aufgenommen, der viel Entschlusskraft besaß und G.G. und P.D. als Schreiber und zur Sicherung des Obdaches, die für die Verschwiegenheit und für die Ausbreitung durch Initiationen sorgen sollten. Sie waren alle Deutsche, ledigen Standes und verlobter Jungfrauenschaft. Das alles war notwendig, um ein gewisses Volumen zu erhalten. Es würde nichts nützen, wenn die Brüder noch anderweitig engagiert und mit anderen Philosophien verwandt wären. Sie sollten sich auf das Notwendige konzentrieren und ihre Arbeit nur zum Nutzen dieser jetzt beginnenden Bruderschaft verwenden. Schließlich hatten sie ihre Axiomata, ihre Regeln und Bestimmungen, denen sie treu bleiben sollten, was sie auch versprachen. Alle Brüder hatten eine vollkommene Ausbildung in der bekannten und der geheimen Philosophie erhalten, damit sie auf alle Fälle gerüstet seien. So war alles für die Fraternität gerüstet und sie beschlossen, sich zu trennen um in verschiedene Länder zu gehen und von der Existenz der Bruderschaft Kunde zu geben. Auch wollten sie nicht länger zusammenbleiben, damit ihre Lehre und ihre Regeln nicht von den Gelehrten insgeheim weiter beobachtet würden. Zudem wollten sie sich selbst dem Gespür anderer nicht weiter aussetzen, was sicher nur Verirrungen und viele Missverständnisse nach sich ziehen würde. Sollte dies trotzdem geschehen, sollten sie einander darüber berichten. Denn, was allgemein geglaubt wird, ist meist nicht das Richtige. Falsche Interpretationen können alles zunichtemachen. Vorsicht sei geboten vor festgefahrener Analyse. Jeder geht eigene Wege, die sich auf ihre Weise aufhellen. So wurden die Brüder belehrt, auf ihre Sinne zu achten und dies besonders zu verwenden.

Die fünf Sinne seien die Instrumente zum Weg in das Herz der Dinge, in das Zentrum allen Seins.

Gutes Sehen bedeutet gute Sicht. Durch richtiges Sehen wird man in die Lage versetzt, richtig zu erkennen, wodurch man ordnen und auch bestimmen kann. Richtiges Sehen bedeutet auch, etwas auszumachen, in „etwas" hineinzusehen, um zu erkennen, was es wirklich ist, damit man ihm eine gewisse Bedeutung zumessen kann. Die richtigen Stufen müssen beizeiten gesichtet werden, der Vorbereitung wegen. Das Sehen ist ein Vorgang, der ordnet. Was sehe ich? Immer das Gesamte also und nicht nur Einzelheiten. Ein Vorgang im Unterbewusstsein lässt uns die Gesamtheit sehen. Sehen ist der Vorbereiter für das Ordnen. Der Sehsinn ordnet alles nach Mustern. Oft entspricht es unseren Erwartungen. Durch Sympathie und Antipathien wird oft der Sehvorgang verdorben. So muss gefragt werden: Was soll man sehen? Was will man sehen? Was will das Oberbewusstsein, das wir sehen sollen? Sehen erstreckt sich vom photographischen Sehen über das visuelle bis hin zum konstituierenden Sehen. Das Gesehene ist immer neutral. Es wirkt entsprechend unserer Entscheidung zu sehen.

Gutes Hören bedeutet auch Lauschen. Das Lauschen auf die innere Stimme. Was man erlauscht hat, dem sollte man gehorchen. Der Hörsinn ist verschieden vom Sehsinn. Sehen bringt Distanz. Hören schafft Verbindung. Durch das Hören wird der Schall wahrgenommen. Mit dem

Wahrgenommenen fühlt man sich verbunden. Das Sehen ist nicht materiell, sondern beruht auf elektromagnetischen Wellen. Das Hören geschieht durch Schallwellen, was eine materielle Übertragung ist. Das Licht ist unsichtbar, nur der Gegenstand leuchtet auf. Im Weltraum ist Licht gleich Finsternis. Der Schall hingegen ist hörbar, auch wenn die Quelle des Schalls nicht wahrgenommen wird. Die Verbindung im Hören wird intensiv erlebt, es geht in den Hörer hinein. Kann man in einen Menschen hineinhören? Das eigentliche Hören ist das Lauschen. Gehorchen heiß eigentlich: Verantwortung übernehmen, was im Gegensatz ist zum Parieren. Hineinhören heißt also, Verantwortung übernehmen. Im Hören erstreckt sich der Mensch in kosmische Bereiche, in Dimensionen, durch die er sich mit tonangebenden kosmischen Prinzipien verbindet. Dadurch geschieht ein Einschwingen in kosmische Verlautbarungen. Hineinhören in die wogenden Schwingungen der Stille des unendlichen Tempels des Kosmos. Man kann das lebendige Wort hören, das alles ins Leben ruft. Das alles ins Leben rufende Wort. Die Dimensionen des Hörens reichen vom materiellen in den geistigen Bereich.

Durch das gute Riechen kann man erspüren, unterscheiden und deuten. Durch Riechen wird man aufmerksam. Durch Riechen und Schmecken kann man in die Höhlungen des Menschen eindringen. Das Riechen verlässt den Körper wieder durch das Atmen. Eine Dimension des Riechens lässt eine letztmögliche Deutung zu. Was bedeutet etwas? Das Unterscheidungsvermögen wird gefordert. Durch das Riechen wird gewissermaßen Material übertragen. Gibt es durch das Riechen Bezüge zur Wirklichkeit? Mit dem Riechen kann man eine Spur verfolgen. Mit der Nase wird der Duft aufgenommen. So hat man auf die Reaktion der Gemüter zu achten, der dem Vorgang des Riechens folgt. Persönliche Affekte können die Objektivität verderben. Schnuppern und Klären sind Aspekte des Riechens.

Das gute Schmecken dringt in die Höhlung des Menschen ein. Schmecken bedeutet auch Lösung, ein chemischer Vorgang. Verborgenes wird ausgebreitet und macht sich im Leib bemerkbar. Unterscheidend müssen wir uns orientieren. Den Geschmack sollen wir pflegen, damit er nicht verdorben wird. Was ist echt? Durch chemische Einlassung wird das Echte erlernbar. Veredelung oder Entstellung, Gedeih und Verderben. Eine Verfeinerung des Geschmacks sollen wir anstreben für die Arbeit im Garten Eden. Eine Verschlechterung des Geschmacks kann ins Verderben führen.

Die erlebbare Welt verschwindet, wenn durch die Technik untersucht wird. Werden Tricks bekannt, verschwindet das Interesse. Man soll die Zwerge verstehen lernen, ohne sich selbst für einen Zwerg zu halten.

Das gute Tasten besagt, dass man Bewegungen empfängt, die von Schwingungen herrühren und einen Energieaustausch bewirken. Die anderen Sinne sind Spezialisierungen des Tastsinns. Alles wird in Bewegung gesetzt, um abzutasten, denn der Tastsinn ist überall verzweigt. Er ist überall gegenwärtig.

So wurden alle Brüder auch mit der heimlichen Philosophie bekannt gemacht. Die Zahl fünf ist die Zahl des Menschen. Er hat fünf Sinne, mit denen er die Welt wahrnimmt und erlebt. Diese fünf Sinne haben aber noch einen weiteren Sinn: Die übliche Sinnfrage fragt nicht nach einem Sinn, sondern nach Ziel und Zweck eines Wesens, das sich ausdrückt. Eines im Ganzen sich ausdrückenden und daher sinngebenden Wesens, das das Geheimnis der Verlebendigung eines Symbols ist. Das Pentagramm ist das Zeichen des Menschen, das, auf sich selbst angewandt, fast eine Überforderung des Menschen ist. Er muss über die Schöpfung hinaus wirken, dann merkt er, dass ein „anderer" die Arbeit für ihn tut, die er aber zulassen muss.

Das Sehen: Ermächtigt sein, die Welt zu sichten. Realitätssinn mit ungeheurem Inhalt gefüllt.

Das Hören: Vom Unergründlichen sich anrühren lassen und sich ihm geloben. Der Sinn für die Stille, lautlos, das Trommelfell nicht tangierend. Stille erleben, aber kein Wegtreten.

Das Riechen: Sich kundig machen durch Nachspüren. Spürsinn.

Das Schmecken: Einfühlsam einmischen, Sinn für alles Köstliche entwickeln und behalten.

Das Tasten: Sich um etwas bekümmern, sich vertraut machen. Darauf vertrauen, dass das im Tasten ausdrückende Vertrauen nie getäuscht wird. Ein Verstoß dagegen ist nicht so schlimm. Schlimmer ist es, wenn der Verstoß geleugnet wird.

Das Fehlverhalten in der Ausübung der Sinneswahrnehmung bringt psychische Probleme. Der Wahrhaftigkeitswillen muss vorhanden sein. Echte Wahrheitsliebe ist Voraussetzung für die Erstreckung des Menschen in die Sinne. Gott ist die Treue, die Wahrhaftigkeit.

KABBALISTISCHE ANMERKUNGEN

Manuskript Nr. 9

In der FAMA hatte Fr. N.N. das Grabgewölbe entdeckt, während er etwas umformte bzw. umbaute. Was bedeuten die Buchstaben N.N.? N steht für den hebräischen Buchstaben Nun mit der Bedeutung Fisch, aber auch sprießen, keimen, wachsen. Er hat den Wert 50 und ist der Farbe Blau/Türkis, dem astrologischen Zeichen Skorpion und dem Ton G zugeordnet. Sein Titel ist: „Die abbildende Intelligenz".

N.N. = 50 + 50 = 100 = Qoph = Erneuerung im Schlaf

Die Messingtafel, die er entfernen musste, steht für das Metall der Venus, was hier gereinigtes Verlangen und Gedächtnis bedeutet. Zum Entfernen der Tafel musste er einen Nagel aus dem Gemäuer herausziehen. Nagel ist die Bedeutung des hebräischen Buchstabens Vav, dem der deutsche Buchstabe V entspricht. Ihm ist der Wert 6, die Farbe Rot-Orange, das astrologische Zeichen Stier und der Ton Cis zugeordnet. Sein Titel ist die triumphierende, ewige Intelligenz. Das astrologische Zeichen Stier wird von Venus regiert. Sie beherrscht das psychische Zentrum, das der Kehle und der Intuition zugeordnet ist. Mit dem Nagel brach ein Stein heraus, der zum Eingang des Grabgewölbes führte. Das Grabgewölbe steht für die Intuition, das Unterbewusstsein und das Gedächtnis. Stein steht für Stein der Weisen. Dahinter verbarg sich eine Tür. Tür steht für den hebräischen Buchstaben Daleth, dem in Deutsch das D entspricht. Seine Bedeutung ist die Tür, sein Wert die 4, er ist der Farbe Grün, dem astrologischen Zeichen Venus, dem Metall Kupfer und dem Ton Fis zugeordnet. Zum Buchstaben Daleth habe ich folgende Assoziationen: Der Mutterleib, das Tor zum Leben, das etwas freigibt, nachdem es Gestalt angenommen hat. Aber auch eine Tür, durch die man hineingehen kann, die man aber auch absperren kann. Die Tür ist daher nicht nur ein Eingang oder ein Zugang, sie ist auch Verteidigung, Schutz und Erhaltung im Sinne von etwas behüten und aufbewahren, da man einen Eingang mit einer Tür auch zusperren kann. Durch eine Tür kann man hineingehen, aber auch wieder hinausgehen. Durch eine Tür wird etwas vermittelt und verbreitet, aber auch abgesondert und unterteilt. Die Öffnung der Tür steht auch für die Öffnung des Verständnisses des Unterbewusstseins.

Einige weitere Assoziationen sind:

R.C. = Rach = Zartheit, Barmherzigkeit

R.C. = Siegel, Gelöbnis und Character

Stein der Weisen = Verschmelzung von Vater und Sohn

Sohn = BN = Horus; B = 2 und N = 50, also BN = 52

Vater = AB = Osiris = Geist; A = 1 und B = 2, also AB = 3

Mutter = AIMA = Isis = Natur = 1 + 10 + 40 + 1 = 52

Vater und Sohn = ABN = 1 + 2 + 50 = 53 = Stein der Weisen

Hammer = Hitze = ChMH = 8 + 40 +5 = 53

Garten = GN = 3 + 50 = 53

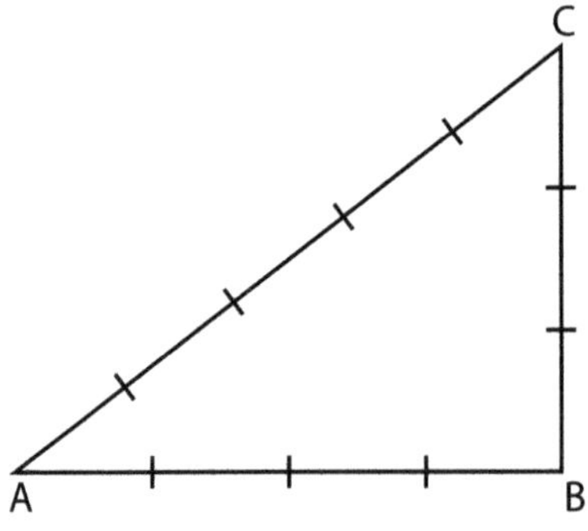

Winkel AB-BC = 90° BC-CA = 53° CA-AB = 37°

AB = Isis, negativ, AIMA/Natur, 4
BC = Osiris, positiv, AB, 3, kosmischer Geist
CA = Horus, BN, 5, Bewusstsein

Das Grabgewölbe

Das Grabgewölbe steht für die Intuition, das Unterbewusstsein und das Gedächtnis. Die Tür des Grabgewölbes befindet sich im weiten Westen, also dem Ort des Unbekannten. Die Inschrift an der Tür lautet: „Nach 120 Jahren werde ich offen stehen." Die Zahl 120 steht für das vollkommene Bewusstsein eines erleuchteten Adepten.
120 = 70 + 50
50 = N = astrologisches Zeichen Skorpion, der teilweise als Adler dargestellt wird. Der Adler ist in der Astrologie der sublimierte Skorpion.
70 = O = Auge = Knechtschaft durch materielle Erscheinungen = Alter des materiell eingestellten Menschen
Die 120 deutet an, dass Zugang zum Licht gefunden wurde (kosmische Energien).
120 = 1 x 2 x 3 x 4 x 5 = gegenseitige Beeinflussung

Vor der Öffnung der Tür wurde die Rota (Rota Mundi) befragt. Rota = Rad der Welt (78 Tarotkarten).

Vervollkommnung benötigt 120. Das Auge (70) darf nicht getrübt sein. Pfad von Jesod nach Tiphareth = Weg der Prüfung, Konfrontation mit dem Gegensätzlichen (S = 60). Verbindung des Menschen mit der Überseele!

Grundriss des Grabes , 7 Ecken, Heptagon
Höhe = 8
Breite = 5

Das 7-Eck

Das 7-Eck ist eine geometrische Figur, die nicht mit Zirkel und Lineal allein konstruiert werden kann. Seine Konstruktion ist nur mit Annäherungswerten möglich, da sich 360 Grad nicht durch 7 teilen lassen. Man bekommt einen krummen Wert, nämlich 360 : 7 = 51,428571. Da ein 7-Eck nicht exakt zu zeichnen ist, stellt es das Resultat menschlicher Arbeit, aber auch begrenztes Bewusstsein dar.

In der Mythologie kommt die 7 sehr häufig vor, u. a. in den 7 Elohim, den Urkräften, den 7 Kräften Gottes, die auch als traditionelle Planeten dargestellt werden können:

Saturn	Zaphkiel
Jupiter	Zadkiel
Mars	Kamael
Venus	Haniel
Sonne	Michael
Merkur	Raphael
Mond	Gabriel

Das Grabgewölbe ist symbolisch der geometrische Schlüssel zum Aufbau des Bruders C.R.

Linien mit Höhe 8 = 7 x 8 = 56

Die Zahl 56 steht für NAH = wohnen, darin leben und für AJMH = Furcht, Schrecken.

Für alle, die mit Symbolen arbeiten, erkläre ich kurz, wie man ein 7-Eck zeichnet: Zuerst zeichnen Sie ein Quadrat mit einer Seitenlänge von 26 Einheiten. In dieses Quadrat hinein ziehen Sie einen Kreis, der dann einen Durchmesser von 26 Einheiten und einen Radius von 13 Einheiten hat. Auf diesem Kreisrand stecken Sie dann mit einem Zirkel 7 Abschnitte ab, indem Sie den Zirkel auf eine Länge von 51,428 Einheiten einstellen. Diese 51,428 entsprechen genau der dem Winkel eines 7-Sterns. Sie erinnern sich, dass die Kreissumme von 360 Grad dividiert durch 7 51,428 ergibt. In dieser Anleitung steckt folgende Symbolik:

26 = JHVH = 10 + 5 + 6 + 5 = unaussprechlicher Name
13 = AChD = 1 + 8 + 4 = Einheit
13 = AHBH = 1 + 5 + 2 + 5 = Liebe

Quadrat = 4 x 26 = 104 = Beständigkeit

104 = TzDJ = 90 + 4 + 10 = Fischhaken = Meditation

104 = Lod = 30 + 70 + 4 = immer, ewig
26 = das kosmische Selbst = einzige Wirklichkeit
26 = Einheit + Liebe = 13 + 13 = Ursachen des Weltalls
Tetragrammaton = eine Kraft, in ihr finden alle Kräfte Platz (N.T.)

Unter dem Schatten deiner Flügel: Wie oben, so unten.
Quadrat: je Seite 26 Einheiten
Diagonale: 36,76 = 37

Die esoterische Geometrie rundet auf!
Quadrat = Wahrheit = 26 x 26 = 676
Diagonale = offenbarte Wahrheit = 37
676 : 2 = 338
2 Diagonale: 2 x 37 = 74 = Tav = althebräisch = X
OD = 70 + 4 = 74 = Ewigkeit

Zur Zahl 74 (Ewigkeit) gibt es folgende Assoziationen:

Adytum	Allerheiligstes
Concordia	Einklang, Harmonie
Agnus Dei	Lamm Gottes
Axiomata	Grundsätze

Der gnostische Würfel

Beim Thema Würfel soll hier noch einmal der gnostische Würfel kurz angesprochen werden. Beim gnostischen Würfel besteht jede Seite aus 4 Einheiten, aus denen sich dann wieder kleinere Würfel einzeichnen lassen. Wir haben dann 4 x 4 x 4 = 64 kleine Würfel. 64 bedeutet die allgemeine Wahrheit.

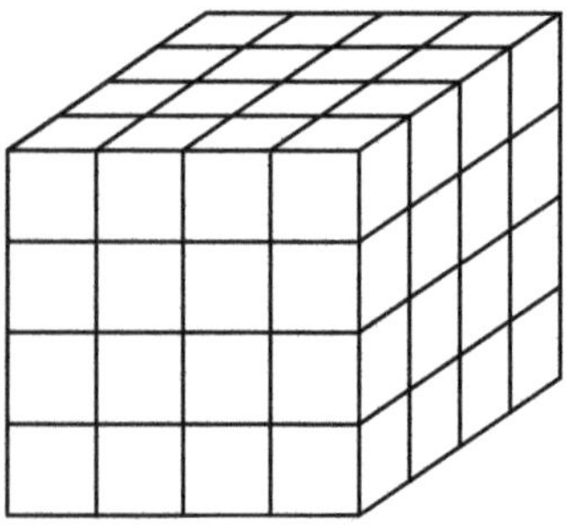

Würfel = letztes Kapitel in der Offenbarung des Johannes

DIN = 4 + 10 + 50 = 64 = allgemeine Wahrheit, Gerechtigkeit

Bei dem gnostischen Würfel können, wenn man ihn betrachtet, ohne ihn dabei umzudrehen oder ohne ihn von den anderen Seiten aus zu betrachten, höchstens 37 kleine Würfel auf einmal gesehen werden. Die Zahl 37 symbolisiert somit die geoffenbarte Wahrheit. Wenn man nur 37 Würfel sehen kann, bleiben 27 Würfel übrig, die mit einem Blick nicht zu sehen sind. Diese 27 stehen für die geheime Wahrheit, verborgene esoterische Wahrheit. Von diesen 27 verborgenen Würfeln sind 8 Würfel von außen überhaupt nicht zu sehen. Es sind die Würfel im Inneren. Somit symbolisiert die 8 die innerste Wahrheit im Rahmen der verborgenen esoterischen Wahrheit, die nicht jedem Suchenden geoffenbart wird. Die Zahl 27 erscheint auch in der FAMA: C.R. gründete den verborgenen Orden im Alter von 27 Jahren. Die Zahl 37 bedeutet: kleinster Winkel im Dreieck Osiris-Isis-Horus. Also ist 37 die geoffenbarte Wahrheit.
HBL = 5 + 2 + 30 = Atem – Vergänglichkeit
Diagonale des Quadrates mit 26 Einheiten = 37
Quersumme von 3 + 7 = 10
Die 3 steht für die oberen 3 Sephiroth im Lebensbaum, nämlich Kether (Krone), Chokmah (Weisheit) und Binah (Intelligenz), die auch die Dreieinigkeit symbolisieren. Die 7 steht für die 7 Elohim, die oben schon besprochen

wurden. 3 + 7 = 10 = 10 Sephiroth: Die Kraft, die die Beziehung zwischen Kosmos und Natur aufrecht hält.

Das Gewölbe

Der Eingang zum Gewölbe ist im symbolischen Westen. In der FAMA ist er der Venus zugeordnet und somit grün. Die 7 Wände des Gewölbes sind folgenden Planeten und Farben zugeordnet (im Uhrzeigersinn): Venus – grün, Sonne – orange, Mars – rot, Jupiter – violett, Saturn – indigo, Mond – blau, Merkur – gelb.

Denken wir noch einmal an die 7 Elohim. Es sind schöpferische, grundlegende Kräfte; sie haben Bewusstsein und sind zielgerichtet. Sie erhielten im Mittelalter menschliche Formen. Man kann sich auf die Intelligenzen dieser Kräfte abstimmen, um sich mit ihrer Hilfe auf die höheren kosmischen Ebenen abzustimmen.

Das Gewölbe besteht aus 3 Teilen:

Decke	höhere Welt
Gewölbe	materielle Welt
Boden	untere Welt

Jede der 7 Seiten des Gewölbes war 8 Einheiten hoch und 5 Einheiten breit. Jede Seite war in 10 Vierecke aufgeteilt.

8 x 5 = 40 = 4 x 10

Jede Sephira ist nochmals in 4 Welten aufgeteilt, nämlich in Atziluth (Feuer, Löwe), Briah (Wasser, Skorpion), Jezirah (Luft, Wassermann) und in Assiah (Erde, Stier).

Jede Seite lässt sich wie folgt darstellen:

Kether	Chokmah
Binah	Chesed
Geburah	Tiphareth
Netzach	Hod
Jesod	Malkuth

Keine Quadrate, aber gleichgroße Rechtecke, die den 10 Sephiroth aus dem kabbalistischen Lebensbaum zugeordnet werden können. Jede Seite steht für einen der 7 Elohim und dessen Farbe. Jede Seite kann aber auch den Sephiroth entsprechend farblich angelegt werden.

Jedes der 10 Rechtecke hat eine Größe von 2,5 x 1,6 Einheiten. 2,5 x 1,6 ergibt exakt 4. Da es in jeder Wand 10 Rechtecke gibt, multiplizieren wir 4 mit 10 und erhalten 40.

Die Fibonacci-Folge

Jede Zahl ist die Summe der zwei vorhergehenden, mit Ausnahme der ersten beiden Zahlen. Die Kunst des Mittelalters wurde durch diese Folge sehr beeinflusst. Die

Fibonacci-Folge wurde benutzt, um Harmonie in den Proportionen herzustellen.

1, 1, 2, 3, 5, 8, 13, 21, 34, 55, 89, 144, …

In dieser Fibonacci-Folge ist die Zahlenreihenfolge 3, 5, 8 enthalten. Diese drei Zahlen spielen in der FAMA eine besondere Rolle. Über die Bedeutung der Drei können Sie grundlegende Dinge im Kapitel über das dreifache Gesetz vom Dreieck nachlesen. Die 5 und die 8 sind die Proportionen der Wände des Grabgewölbes. Die Zahlenreihe 3, 5, 8 ergibt auch den goldenen Schnitt, der in der Malerei und Gestaltung beim Betrachter eine besondere Harmonie auslöst. Eine Linie aus 8 Längeneinheiten wird in zwei Abschnitte unterteilt, von denen der eine 3 und der andere 5 Einheiten lang ist. Allerdings geht diese Reihe nur fast auf. Der goldene Schnitt berechnet sich eigentlich wie folgt: Das Verhältnis des kleinen Abschnitts zum großen Abschnitt muss gleich dem Verhältnis des großen Abschnitts zur ganzen Linie sein. 3 : 5 = 0,6 und 5 : 8 = 0,625; 3, 5, 8 ist also fast der goldene Schnitt.

An der 12. Stelle der Fibonacci-Folge steht die Zahl 144, die sich aus 12 x 12 ergibt und die in manchen Rosenkreuzersystemen eine besondere Rolle spielt.

Eine weitere Symbolik ergibt sich, wenn man die Wände des Gewölbes ausklappt. Wenn alle 7 Wände in einer Reihe als ein zusammenhängendes Band nebeneinander

liegen würden, ergäben sich folgende Zahlen: Die obere Reihe ergibt 7 x 5 Einheiten, die untere Reihe ergibt ebenso 7 x 5 Einheiten. Die Höhe von 8 Einheiten ergibt sich nur zweimal, nämlich am Anfang und am Ende des Bandes. Wir erhalten:
(7x 5) + (7 x 5) + 8 + 8 = 35 + 35 + 8 + 8 = 86

86 = terra adamica
86 = Naometria = Tempelmessung

35 = Pax = Frieden

26 = 8 + 5 + 8 + 5 = 26 = göttlicher Name = jede Seite ist von göttlichem Namen begrenzt

26 x 7 = 182 = König der Schöpfungskräfte

Alle Bodenlinien	7 x 5 = 35
Alle Deckenlinien	7 x 5 = 35
Alle Vertikalen	7 x 8 = 56
Gesamtlänge	126

126 = PLIAH = 80 + 30 + 10 + 1 + 5 = geheimnisvoll, wunderbar

Die Monas-Hieroglyphe von John Dee erschien mit dem ersten Exemplar der FAMA FRATERNITATIS. Die hieroglyphische Monade wird am Anfang der CHYMISCHEN HOCHZEIT, der dritten Rosenkreuzerschrift erwähnt.

Ad Gloria Rosae Crucis = zur Herrlichkeit des Rosenkreuzes
Omnia in Omnibus = Alles in Allem
150 = Salvator Mundi = Erlöser der Welt
326 aussprechbare göttliche Namen JHShVH

Vier Inschriften

Zu den vier Inschriften auf der Altarplatte lässt sich Folgendes sagen:

1) Nirgends leerer Raum = Nequaquam Vacuum, Zeichen Löwe, die feurige Essenz (Nous) ist überall

2) Joch (Strenge) des Gesetzes = Legis Jugum, Zeichen Stier, die erdige Substanz

3) Freiheit der Evangelien = Libertas Evangelii, Zeichen Skorpion/Adler, Geheimnis der Befreiung des Menschen

4) Unversehrte Herrlichkeit Gottes = Dei Gloria Intacta, Zeichen Wassermann, jeder Mensch ist eine Essenz des grenzenlosen Geistes

Manuskript Nr. 10

In vorangegangenen Besprechungen haben wir die Initiationsreise des Fraters C.R. betrachtet, sowie die Ordensgründung und das imaginäre Grabgewölbe. Nun müssen weitere Schritte unternommen werden. Die vergangenen Stadien des Bewusstseins müssen ergründet und die Resultate in die Gegenwart gebracht werden. Damit werden andere Bewusstseinsgrade erreicht. Dies erfordert nun eine weitere Anstrengung. Der Eintritt in das Grabgewölbe muss sorgsam vorbereitet werden, da jenseits des Gewölbes eine andere Welt wirksam ist.

Die FAMA berichtet nach dem Gesetz vom Dreieck über die Fraternität R.C. Gewissermaßen hebt die FAMA hervor, dass sie die Grabesschwelle schildert, die, wenn sie überquert wird nach dem Brauch des R.C., demjenigen, der sie überschreitet in eine andere Bewusstseinsphase erhebt. Dafür sind allerdings eine Reihe von Vorbereitungen nötig: Die Erlebnisse des C.R. sollen nachvollzogen werden und der Studierende soll sich einen ihm gemäßen Lebensraum errichten. Auch sollen die „schönen Instrumente" erweckt und weiter ausgebildet werden.

Die esoterische Mathematik ist dabei ein wichtiger Schlüssel zu den Schätzen des universalen Gedächtnisses, das aber mit viel Fingerspitzengefühl gehandhabt werden soll, um gravierende Fehler zu vermeiden. Die Gematria (Alphabet und Zahlen) in der Anwendung heißt, eine

Einsicht nehmen in ein bestehendes Gebilde, denn Zahlen und geometrische Gebilde sind Träger von Ideen, die untereinander assoziiert sind. Das Verhältnis von Zahl zu Zahl stellt philosophische Charaktere dar. Die Region der Zahlen - der Mathematik - wird erreicht, die Eisberge der Tarotkarte 0 sind die Quellen des Stromes des Lebens und auch die Quellen des Lebendigen, die aus den eisigen Regionen der Zahlen und geometrischen Gebilde entspringen.

So ist auch die Renovation des Ordens schwierig. Es müssen äußere Ereignisse eintreten, um mit der Restauration ernstlich zu beginnen. Von der Gründungsgeschichte der Fraternität R.C. ist uns bekannt, dass unter den Gründungsmitgliedern eine Vereinbarung getroffen wurde, die sechs Punkte enthält. Danach hatten sich die Brüder getrennt. Sie arbeiten ganz natürlich nach den gegebenen Prinzipien. So kommt es auch, dass in der dritten Phase des Vorgehens der Fr. N.N. zur Bruderschaft stößt, dessen Ziehvater und Vorgänger der Fr. A. war. Der Ziehvater von Fr. C.R. war ja auf Zypern gestorben. Fr. A. bedeutet Aleph (P.A.L. war eine Umstellung von Aleph), dieser teilte sich dem Fr. N.N. mit, ehe er starb. Die Weisheit von Damcar ist in N.N. enthalten. Aber die Weisen fehlen. Daher muss das Geheimnis des Gewölbes selbst erschlossen werden. Die Renovation benötigt eine Vorbereitung für die zeitgemäße Initiation. Das Wissen um die Tradition ist unabdingbar.

Der Mensch kann zeitübergreifend werden, womit er Gott besser begreifen kann. So wird der Mensch zu einem bewussten Agenten des Kosmos. So kommt es, dass äußere Ereignisse und Geschehnisse zur Renovation des Ordens führen. Dazu gehören: Die Erfahrungen im konservativen Spanien und die Erfahrungen im südlichen Frankreich, wo die Ausschaltung des Geistes stattfand durch die Ausrottung der Albingenser. Frater A. starb in Gallia Narbonensis. Exoterisches und Esoterisches wird in Parallelen gesetzt, wodurch „innen wie außen" entsteht.

Für die Annäherung an das Grabgewölbe bedarf es einer besonderen Stimmung. Es ist gesagt worden, dass alle Grabstätten geheim geblieben sind. So ist C.R. auch nie nach Jerusalem gekommen. Die Heimlichkeiten wurden aber durch verborgene Reden und Gespräche weitergegeben. Die Gräber mussten nicht gepflegt werden, dafür herrschte in der Bruderschaft eine gute Bildung. Sie hatten ihre Axiomata, ihre Grundsätze, die Rotae Mundi und eine praktische Alchimie.

Von Proteus wissen wir, dass er ein weissagender Meergreis war, der sich in vielerlei Gestalten verwandeln konnte. Er wurde mit Gewalt zum Weissagen gebracht, wurde zu untrüglichen Weissagungen gezwungen. Proteus war das Sinnbild der Umwandlung. Dem entsprach die versteckte Alchimie in der FAMA.

Die Fama berichtet, dass Frater N.N. eine Reise unternehmen soll, wozu ein stattliches Reisegeld gehört, das im Glücksbeutel bewahrt wird: Fähigkeiten praktischer Art, prägende Taten und die Kapazität, glücklich zu sein, dazu das feierliche Treueversprechen, das Schweigegelübde, das Selbst verpflichten, Vertrauen zu haben; übermenschliche Anstrengungen waren nötig, um durchzuhalten. Das Schweigen war notwendig, denn die Geschwätzigkeit vergeudet nur Kraft. Lächerlichkeit folgt ihr auf dem Fuß.

Eine gründliche Relation, eine gute Vorbereitung war notwendig, um den Weg zum Gewölbe zu finden. Die Präsentation wurde durch die FAMA gegeben, aber es muss selber gefunden werden aufgrund der Präsentation. Das Verlangen entsteht durch das Sterben des Fraters A. in der Venus-Region von Netzach.

Das Metall der Venus ist das Kupfer, das zur Herstellung von Messing benutzt wird. Die Venus symbolisiert den ständigen Versuch, Gegensätzliches zusammenzubringen. Aus Messing ist die Erinnerungstafel, die von N.N. gefunden wird bei dem Versuch der Renovation. Diese Tafel wird mittels eines Nagels (Vav) an einer Wand festgehalten (Vav ist dem Stier und der Venus zugeordnet). Der Zugang zu Vav kann nur durch Zartheit, also durch zartes, liebevolles Sein, erreicht werden (R.C.). Die wahre Erinnerung ist eine feste Verbundenheit, ein ewiger Wandel, Festigkeit.

Die Einheit von Altem und Neuem muss gegeben sein. Dadurch nur kann die Renovation geschehen. ABN = der Stein der Weisen = Vater und Sohn sind EINS. Die intuitive Erfassung des ewigen Alten und des ewigen Neuen führt zur Erneuerung. Dies ist eigentlich das Leben.

Es wird vom geliebten Fr. N.N. gesprochen. Eine Parallele zum geliebten Vatter, denn er hat die Losung des R.C. = Rach. Hier sind zwei Aspekte von N.N. zu beachten: Anfang und Ende = 50 + 50 = 100 = Qoph. Das Geheimnis von Qoph erhielt N.N. von Fr. A, ehe dieser starb.

Es bedurfte schon einer gewissen Anstrengung, den Nagel zu entfernen, damit der Stein herausgebrochen werden konnte, um dann auch das übrige Gemäuer hinwegzuräumen.

Das kosmische Gedächtnis mit seinen kosmischen Funktionen arbeitet: Der kosmische Wille erinnert sich des kosmischen Gedächtnisses und arbeitet entsprechend.

So wurde der Stein der Weisen der Ummauerung entrissen und das übrige Geröll hinweggeräumt. Da kam eine Tür zum Vorschein mit der Aufschrift: Nach 120 Jahren werde ich offen stehen, mitsamt der alten Jahreszahl. Diese Zahl ist aus dem A.T. bekannt. Sie bezeichnet die Tage seines Lebens, das symbolische Alter, den erreichten Reifegrad. Eine Tür gewährt Einlass demjenigen, der das Alter des Mose erreicht hat. Es wird die Frage gestellt: Wer bist Du? Schon 120 Jahre alt? Diese Reife (120) muss erreicht worden sein. Denn die Tür öffnet sich nicht von selbst oder durch Zufall! Hier ist die Bedeutung der Zahl 120 zu beachten. Mose soll bei seinem Tod 120 Jahre alt gewesen sein. Es heißt im besonderen Text: „Nicht war geflohen seine Frische, nicht war getrübt sein Auge." Dieses Auge blickte durch alle Erscheinungen hindurch: Ayin = das Auge = 70. Frische und Lebenskraft müssen umgelenkt werden in neue Formen. Nun = 50 + Auge = 70 = 120. Ayin und Nun sind zwei Seiten einer einzigen Sache. Ayin, das Auge = erneuernde Quelle durch das Einsetzen der Augen. Gutes Sehen ist auch Lebensfrische im Auge. Im N.T. erscheint ebenfalls die Zahl 120 = Schar zu Hauf bei 120 Namen (Nachfolge des Judas). Namen = Charakter.

Die Bibel sollte mit der Weisheit des Herzens gelesen werden, denn sie ist ein wertvolles Buch.

So wurde die Tür freigelegt nach 120 Jahren. Die alte Jahreszahl war 1484 = 1378 + 106 Jahre. Die Entdeckung des Grabgewölbes war 1604. Die FAMA erschien in handgeschriebener Form 1610 in rosenkreuzerischen Zirkeln in Straßburg und Umgebung. Offiziell und gedruckt erschien sie 1614. Eine Tür ist ein Schutz für Nachfolgende. Auch ein Heiligtum wird durch eine Tür geschützt. Das Heiligtum kann nicht befleckt werden, da es unsichtbar ist. Es gibt immer Eindringlinge. Aber die Nachdrängenden müssen geschützt werden. Die Vorausgehenden haben die Pflicht, die Nachfolgenden aufzuhalten, bis diese reif genug sind, die Schwelle passieren zu können. Das Alte wird nicht weggeworfen, sondern erscheint in einem anderen Licht.

Der gnostische Würfel mit der Seitenlänge von 4 Einheiten = 4 x 4 x 4 = 64 kleine Würfel

64 = 37 + 27

37 = geoffenbarte Wahrheit = verbindet den Menschen mit der Natur

27 = geheime Wahrheit verbindet den Menschen mit Gott

37 = der spitze Winkel im pythagoräischen Dreieck 3 - 4 - 5 = Isis - Osiris - Horus

Das pythagoräische Dreieck =

53 = ABN = 1 + 2 + 50 = Stein der Weisen = Vater + Sohn

53 = ChMH = 8 + 40 + 5 = Hammer, Hitze

53 = GN = 3 + 50 = Garten

Diese Hinweise sollen genutzt werden. Vorsicht, sie können auch zum Verderben führen.

Die CONFESSIO FRATERNITATIS bemerkt, dass der sagenhafte Gründer der Fraternität 1378 geboren wurde. 1378 ist ein Heiligtum.

1378 = 1 - 3 - 7 - 8

1 = Kether, Krone

3 = Binah = kosm. Mutter

7 = Netzach, Venus (gereinigtes Verlangen)

8 = Hod, Pracht, plänemachender analytischer Intellekt; der Ruhm, Glanz, Glorie

13 = liebende Einheit; 78 = Tarot = ewig schwingendes kultivierendes Rad, das alles im Gleichgewicht hält (Tarotkarte 10), ständige Bewegung; große Wirkung ringsumher

13 + 78 = Liebe und Bewegung; einiges kann mitgeteilt werden mit nur geringer Neigung zum Disput

13 = Liebe

37 = offenbarte Wahrheit

78 = wirbelndes Leben = alles gehört zum Ganzen, das sich so darstellt

Durch ständigen Wandel kann die Einheit erhalten werden. Frage: Was kann ein Mensch entwickeln, das in künftige Inkarnationen reicht? Es muss gedacht und zu Bildern geformt worden sein, die verwirklicht werden wollen. Alle Teile eines Ganzen bleiben miteinander verkettet. Kein Teil lässt sich vom Ganzen ableiten, denn alles gehört zum Ganzen. Es gibt besondere Zusammenhänge innerhalb des Ganzen. Es kommt auf die Art der Präsentation der Zusammenhänge an.

Die Tür wurde also am Abend noch nicht geöffnet, da man erst die Rota befragen wollte. Tarot bedeutet Divination. Es ergeht jedoch folgende Warnung: Wer sich von den Karten abhängig macht, geht sich selbst aus dem Weg.

Der richtige Umgang mit den Karten zeigt auf, wie man Probleme bewältigen kann und die Selbstfindung durch die Karten ermöglicht wird. Für ungeläuterte Menschen kann dies aber sehr gefährlich werden. Die CONFESSIO FRATERNITATIS sagt dazu: „Dem Würdigen zur Hilfe, dem Unwürdigen nicht zum Frommen, aber physische und psychische Beschwerden."

Die Tür wurde also am anderen Morgen geöffnet. Eine Möglichkeit wurde eröffnet, eine Chance gegeben. Sie sollte genutzt werden. Doch ehe die Tür geöffnet wurde, wurde die Rota befragt. Es waren Fragen, die auch wir uns stellen müssen: Was wollen wir? Warum sollen wir handeln? Wozu? Was bedeutet das Losungswort R.C.? Was steigt dabei aus dem Unterbewusstsein hoch?

Zuerst soll eine Selbstvergewisserung erfolgen, um erst dann eine Änderung vorzunehmen. Berechtigung ist für den Weisen noch kein Mittel zum Handeln. Die Situation hatte sich ergeben. Denn es waren keine Beweggründe vorhanden, sondern diese müssen erst erarbeitet werden. Sie müssen einsichtig und bewusst erarbeitet werden.

Alte Arbeiten des Gründers: Der Eingang und der Beginn des 2. Ordens oder Zyklus. Der Aufstieg in den 2. Zyklus des Ordens ist nicht selbstverständlich, trotz aller Anstrengung. Es gehört die Berufung dazu. Was aber will der Mensch auf der höheren Ebene? Was sucht er dort? Durch was wird er bewogen, all diese Vorarbeiten auf sich zu nehmen, um in den nächst höheren Zyklus zu kommen? Warum will er den zweiten Zyklus erreichen? Die Liebe zur Erde?

Das wahre Leben wurde für das Erdenleben geopfert. Der Homo Spiritualis wird geformt, der aus dem Geistigen lebt.

So wurde am anderen Morgen die Tür geöffnet. Man hatte das Grabgewölbe gefunden! Es bestand aus sieben Seiten und in der Mitte befand sich ein runder Altar, der die höhere Ebene andeutet.

Die kabbalistisch rituellen Erfahrungen sagen, dass das Quadrat die Grundlage aller höheren menschlichen Tätigkeiten ist. Das Quadrat = 4 = Beständigkeit. Eine Pyramide symbolisiert den Aufstieg auf die höhere Ebene. Man stelle sich das Quadrat vor, wie es als Grundlage der Pyramide existiert und sich langsam nach oben in der Pyramide verschiebt. Das ursprüngliche Quadrat ist kleiner geworden, aber alles Rechtmäßige ist geblieben. Beim Aufstieg ändert sich die Arbeitsbasis. Ein Kreis kann gebildet werden. So geht die Entwicklung vom Quadrat zum Kreis, ja sogar zum Kegel. So kann man sich den Aufstieg des Pharaos in der Pyramide vorstellen, wenn sein Geist sich erhebt. Die Pyramide wurde hierzu errichtet. Sie diente aber auch der Initiation.

Das Grab, der Altar, das Gewölbe sind Ursymbole der Menschheit. Das Grab wurde gefunden, man hatte den

Rat der dahingegangenen Weisen gesucht. Beide Welten waren sich am Grabe sehr nahe, was man heutzutage nicht gerade sagen kann, gibt es doch immer wieder Schwierigkeiten bei der Zusammenarbeit. Das Grab symbolisiert das Tor zu einer anderen Welt. Ergebenheit wurde an den Tag gelegt, Opfer wurden dargebracht, was einer Fähigkeit der Selbstdarbringung entsprach. Das Grab ist immer verborgen, muss immer wieder gesucht werden. Es symbolisiert einen ruhenden Lebensbaum. Der Leichnam wurde gesucht und auch gefunden, nachdem man den runden Altar zur Seite gerückt hatte. Er ist ein immer wieder keimender Samen im mütterlichen Gewölbe.

Es ist ratsam für den Wanderer auf dem Wege zum Licht, auch einmal in archaische Tiefen hinabzusteigen, damit er feststellen kann, wie es wahrhaftig ist. Archetypen können uns überfluten, wenn wir ohne Vorbereitung solch einen Schritt wagen. Eine gute Schulung ist nötig.

Altar = Darbringung himmlischer Speisen. So ist Tiphareth der Altar aller Menschen. Dies gilt auch für einen Grabstein.

Das Gewölbe symbolisiert den Mutterschoß, in dem alles gut aufgehoben ist. In unserem Falle ist es ein siebenseitiges Prisma. Es wurde eingeteilt in unten = Pflaster, in oben = Bühne, in Wände = Wand. Die Bedeutung des Gewölbes: Der Mensch betritt das Gewölbe und wendet sich von Wand zu Wand (5 Einheiten breit und 8 Einheiten hoch). Der Umfang einer Wand = 2 Seiten à 5 Einheiten und 2 Seiten à 8 Einheiten = 10 + 16 = 26 = göttlicher, unaussprechbarer Name, JHVH.

Inhalt einer Wand = 5 x 8 = 40 = Mem = Ozean des Unterbewussten.

Sieben Wände = siebenfache Spiegelung der Tiefe des Kosmos

Das Instrumentarium in jeder Wand wird durch Mem verhüllt. Jede Wand war in zehn Rechtecke aufgeteilt, wovon eines einen bestimmten Inhalt hatte: Spiegel = Tugendkräfte, Glöcklein = Töne, wunderliche Gesänge = Vokalintonationen.

Einteilung einer Wand: einen Kasten von 5 x 5 = 25 = JHJ = Es werde! und weitere neun Rechtecke. Ein Kasten war also mit Inhalt versehen und durch eine Tür zugänglich, die das Geheimwissen verborgen hielten.

ARC = Bogen, Verbindung = gemeinsamer Oberton, enthält einen Kasten mit Inhalt.

Archē = (griech.) Uranfang

Umfang aller Wände = 7 x 5 (oben) = 35, 2 x 8 = 16, 7 x 5 (unten) = 35 = 86

86 = Sapientia = Weisheit
86 = Naometria = Kunst und Weisheit der Tempelmessung
86 = 7 Wände = 7 Elohim = schöpferische Kräfte Gottes
86 = Pronaos = Vortempel (Vorhof des Tempels)

56 = Gesamtlänge der Kanten = 7 x 8

70 = 7 Deckenlängen, Kanten = 7 x 5 = 35 und 7 Bodenlängen 7 x 5 = 35 = 70

70 + 56 = 126 = Sanctuarium = Novus Ordo = neue Ordnung

126 = Virgo Intacta = jungfräulich, kann erweckt werden

Vor einer Meditation sind Konzentration und Kontemplation über das Thema, worüber meditiert werden soll, wichtig.

Alle Elemente des Gewölbes sind: 7 Wände, 1 Decke, 1 Boden = 9 Flächen; Kanten des Gewölbes: 7 oben, 7 unten und sieben Längskanten = 21 Kanten.

Ecken des Gewölbes: 7 oben und 7 unten = 14; 14 + 21 + 9 = 44 = Mem 40 + Daleth 4 = Tür

44 = DM = Blut des Lammes = Vervollkommnung des äußeren Menschen, damit das innere Selbst zur Wirkung

kommt. CR = Lamm = 20 + 200 = 220 = der Körper des Initianden. Die Kräfte der Überseele werden befreit.
= 44 + 220 = 264 = Damcar =Tempel der Initiation

Der Schöpfungsurgrund ist das Heiligtum, das Sanktuarium, wodurch neue Ordnung ermöglicht wird. Aufbau des Sanktuariums = Weisheit der Tempelmessung = Naometria.

Das Gewölbe ist gewissermaßen ein Tabernakel = Hütte für das Blut des Lammes = Damcar.
ARCA = die Tür zum Kasten wird entdeckt und zum Vorschein kommt der Inhalt des Kastens = ARCANUM.

In jedem Kasten ist alles enthalten, das speziell zu der betreffenden Wand gehört. Alles in Allem.

Der runde Altar (Kreis) ist umgeben von den 7 Planeten, den 7 göttlichen Tugenden und auch Künsten des M. A. Das Quadrat und das Dreieck zusammen = 4 Elemente und die drei göttlichen (alchemischen) Prinzipien = 7. Der Grundriss des Gewölbes = sieben schöpferische Kräfte und ihre Dynamik bestimmen die Ordnung der Welt. Sie bezeugen eine Substanz erhaltenden Wirkens = Metallverhalten. Die materielle Grundlage ist ein dynamisches Verhalten.

Der Eintritt in das Gewölbe wird möglich durch die Weisheit der Tempelmessung = Naometria (Sanktuarium).

Alle schöpferischen Kräfte sollen genutzt werden = 1 + 2 + 3 + 4 + 5 + 6 + 7 = 28!
Diese werden vom Gerüst der Kanten = 126 = umgeben. 126 = Mutterschoß = Gewölbe der Schöpfung. Ein richtiges Verstehen der dunklen Mutter (Binah) ergibt die neue Ordnung.

Die Wände des Gewölbes enthalten heilige Reliquien. 7 Künste des M.A. = Kunst entsteht im Umgang mit den sieben schöpferischen Kräften.

Der runde Altar wurde entdeckt: Auf dem Altar waren merkwürdige Zeichnungen und Inschriften in Latein: Auf dem äußeren Rand stand Folgendes geschrieben: „A.C.R.C. - Hoc universi compendium vivus mihi sepulchrum feci." Zu Deutsch: Ad Gloriam Rosae Crucis habe ich mir diese Abbildung des Universums zum Grabmal gemacht. Vielleicht kann man folgende Auslegung zugrunde legen: Sepulchrum = Grab; Compendium = Modell (könnte auch Zusammenfassung bedeuten). Aus dieser Deutung heraus kann der obige Hinweis verstanden werden. Das Modell ist ein Denkmodell. Die Schriftsprache (Latein) hatte die gematrische Rolle des Denkmodells übernommen. Es ist uns bekannt, dass jeder Gegenstand eine ihm eigene Schwingungsfrequenz besitzt: Eine Zahl! Das Alphabet bestimmt den Wert bei Worten. Daher ist eine klare Sprache vonnöten. Kann die Wahrheit des Universums sofort gefunden werden? Wozu? Welches wäre der Zweck dieses Vorhabens?

Die reine Wahrheit darf nicht von Gefühlen abhängig werden.

A.C.R.C. = Ad Gloria Rosae Crucis = Durch das Rosenkreuz zur Herrlichkeit. In früheren Zeiten soll das lateinische Alphabet ein „K" besessen haben. Heute nicht mehr. Danach wurde das „C" wie „K" ausgesprochen. Das „G" ist entstanden aus dem „C" als dieses als „K" ausgesprochen wurde. A.C.R.C. kann aber auch so ausgesprochen werden: Ad Crucis Rosae Gloriam = Zum Ruhme des Rosenkreuzes. Hier wird die Fähigkeit angesprochen, etwas entgegenzunehmen; gesunder Verstand und gesundes Empfinden sind dazu notwendig.

Das heißt aber auch, der Wanderer muss lernen, auf eigenen Füßen zu stehen, und mit eigenen Füßen über den eigenen Acker zu gehen. Man muss genügend Selbstbewusstsein besitzen, aber auch Mut, die Dinge selbst durchzuziehen. Es muss selbständig gearbeitet werden, was viel schwieriger ist, als Befehle durchzuführen. Der runde Altar bedeutet aber auch „Geistige Beweglichkeit und Selbständigkeit".

In der zweiten Reihe des Altars war zu lesen: „Jesus mihi omnia". Zu Deutsch: Jesus, mein Alles! Wenn man darüber nachdenkt, könnte man zum Schluss kommen, dass es heißen könnte: Für mein Ich ist Jesus alles - für mein Ego. Es könnte auch heißen: Für meine Ich-Erfahrung ist Jesus alles. Oder auch: Mein Ich lebt in Jesus! Jesus ist das Urbild des Menschen und ist in jedem Menschen vorhanden. Christus wirkt durch Jesus. Jesus der Mensch, der im Gegensatz steht zu Jesus dem Gesalbten. Gesalbter Jesus: Das Ich der gesamten Menschheit, durch das Christus wirkt. Weltmittelpunkt aller Menschen. Den Altar symbolisch gesehen: Mittelpunkt des Universums. Zwischen Mittelpunkt und Peripherie vollzieht sich das Leben. Die Oberfläche des Altars zeigt weiterhin vier Kreise, die die Hauptformen der Energie darstellen, um einen Mittelpunkt herum. Vier Kreise gehen vom Zentrum aus und führen dazu, dass das Universum erkannt wird als Reflektionsspiegel des Randes.

Die Erkenntnis aus der Kenntnis und Anwendung des Liber M. reflektiert zurück zum Ursprung, der Licht und Liebe beinhaltet, das die Lebenserfahrung darstellt. Das Alpha des Lebens wird mit dem Omega der Liebe vereint. (Dreizackige Flamme auf dem Kleid des Narren = Licht, Leben, Liebe erscheinen als drei, sind aber im Grunde vereint.)

Jesus mihi omnia = Gemeinsames Licht der Menschheit = Christus = Messias. Das persönliche Ich muss erlebt werden, damit das Ich der Menschheit verstanden werden kann. Das „Ich“ erleben und abstimmen auf das Ich der Menschheit, damit man ihm gegenübersteht. Erkenne Dich selbst. Frage: Ist mein Ego mein wahres Ich? Bin ich ein Bruder/Schwester von Jesus? Jesus mihi omnia könnte auch heißen: Der Mensch spricht: Der da Weite gab ist mein wahres Ich.

Vier Kreise auf dem Altar bedeuten die Urformen der kosmischen Energie um das Zentrum.

1. Kreis Nequaquam Vacuum: Nirgendwo ist ein leerer Raum = überall ist feurige Urenergie, Liebe ist vollkommener Ausdruck. Auch wo es Liebe mangelt, ist Licht verborgen. Gott wohnt im Feuer der Liebe. Feuriges warmes Leben ist überall. Gott ist allgegenwärtig = Allgegenwart des Feuers.

2. Kreis Legis Jugum: Das Joch des Gesetzes oder auch die Strenge des Gesetzes. Im Joch ist die Urenergie vor dem Pflug. Der Erde Joch ist ein Joch, an dem sie festhält; gewissermaßen: Gesetzmäßigkeit. Fruchtbarkeit wird bereitet durch Energie, die von der göttlichen Gnade gelenkt wird. Der Mensch muss anschirren (Ochse vor dem Pflug) und nach dem Gesetz pflügen: nicht zu tief und nicht zu flach. Der Mensch muss sich selbst erkennen. Missachtung des Gesetzes ergibt keine Freiheit. Der Weg zur Freiheit ist die Richtschnur und die Beachtung des Gesetzes.

3. Kreis Libertas Evangelii: Freiheit des Evangeliums. Durch das Tragen des Joches des Gesetzes ist die Freiheit des Gesetzes erfüllt. Man muss folgen, sonst muss man die Folgen tragen. Das Gesetz ist unerbittlich, es muss erfüllt wer-

den. Das Gesetz will erkannt und erfüllt werden. Menschliche Gesetzmäßigkeiten sind Richtschnur für viele Menschen wegen des Zusammenlebens. Sie können manchmal als unrecht erscheinen, dürfen aber nicht negiert werden. Die Folgen hat man zu beachten. Dem Gesetz muss man nicht folgen - aber es muss erfüllt werden. Man folgt ihm aus Einsicht. Hinter allem steht Liebe, die das Wesen des Lichtes ist. Man bezwingt sich selbst. Was aber ist das Gesetz? Frohe und freie Bezwingung. Gottes Güte = Ausdruck seiner Liebe. Es ist eine Besonderheit des Menschen, dies erleben zu können. Doch zuerst muss dies gedacht werden können. Wer Gott liebt, erkennt sein Wesen und liebt es. Wer dies erkennt, wird vom Skorpion zum Adler werden, der alles sieht und den Ozean des Bewusstseins beobachtet.

4. Kreis Dei Gloria Intacta: Die unversehrte Herrlichkeit Gottes. Die Herrlichkeit Gottes wohnt im Menschen, der teilhat an der Intelligenz Gottes. Die Herrlichkeit im Menschen ist unantastbar. Der Mensch trägt in sich das, worin Gott wohnt. Der Mensch muss sich dessen nur bewusst werden.

Diese vier Kreise auf dem Altar sind das Anliegen der Bruderschaft, das durch die FAMA FRATERNITATIS mitgeteilt wird.

Manuskript Nr. 11

Der wahre Rosenkreuzerorden, wie ihn die FAMA beschreibt, ist unsichtbar. Es gibt eine Reihe von Vereinigungen wie Orden und Schulen, die sich auf den Rosenkreuzerorden berufen, die Einführungen und Initiationen durchführen im Namen des Rosenkreuzes. Das mag alles schön und gut sein, doch mit dem wirklichen Rosenkreuzertum hat das alles nichts gemeinsam. Das ist die Aussage der FAMA. Es werden durch einige der Organisationen sehr gute Lehren verbreitet, die dazu dienen können, gute Vorbereitungen für ein esoterisches Studium zu legen, das dann mit dem Tarot, dem kabbalistischen Lebensbaum und der FAMA beginnt, um dann durch einige weitere Disziplinen ergänzt zu werden.

Echte Rosenkreuzerlehren enthalten keine Dogmen und benötigen insofern auch keine Führer oder Gurus, denen man folgen muss oder soll. Ein Sucher, der den Rosenkreuzerpfad betreten hat, benötigt zwar Anweisungen, wie er was zu tun hat, aber niemand wird ihm befehlen oder gar zurechtweisen wollen. Der Sucher muss den Pfad entlang gehen und alles versuchen zu befolgen, was ihm erläutert und übermittelt wird. Er wird Hilfe empfangen, wenn er nicht weiterweiß, eine unsichtbare Hand wird ihn führen. Doch er muss gehen und sich den Pfad entlang tasten, ganz auf sich selbst vertrauend und auf Gott und seine Helfer, die dem Tapferen zur Seite stehen.

Seine Ingenia, seine (besonderen) Talente, werden ihn nicht im Stich lassen.

Betrachten wir den Text der FAMA, so lesen wir, dass der sagenhafte Gründer des Ordens von adeligen Eltern abstamme. Wer oder was sind diese? Betrachten wir die Smaragdtafel des Hermes Trismegistos aus den „Geheimen Figuren der Rosenkreuzer", stellen wir fest, dass es dort heißt: Sein Vater ist die Sonne, seine Mutter der Mond. In anderen Sprachen heißt es „der Sonne und die Mond" und nur im Deutschen heißt es „die Sonne und der Mond." Also, sind die adeligen Eltern „Sonne und Mond". Weiter heißt es im Text: Er lebte in Armut. Was soviel heißt wie: er ist unwissend. Er wurde in ein Kloster gesteckt mit fünf Jahren. Er befand sich also in der 5. Entwicklungsstufe der kosmischen strahlenden Energie. Dies sagt auch aus, dass er sich im Bewusstseinszustand von Malkuth befand. Das Kloster bedeutet auch: Begrenzung, also ein Neophyt oder Anfänger in der Entwicklung. Das Kloster hat einen Riegel, mit dem es verschlossen wird, aber auch geöffnet wird. Im Kloster versteckt ist auch zu verstehen als das innere Selbst im äußeren Selbst versteckt ist und sich noch nicht offenbaren kann.

Beide Sprachen wurden ziemlich erlernt, was soviel heißt wie „nicht besonders gut". Die beiden Sprachen waren Griechisch und Latein, also Philosophie und Wissenschaften, gewissermaßen deren Grundbegriffe. Beim Studium der Esoterik gilt als Voraussetzung, dass das exoterische

Wissen bekannt sein muss, ehe man mit dem esoterischen Wissen bekannt wird. Es kommt oft vor, dass das exoterische Wissen gar nicht bekannt ist, und trotzdem das esoterische Wissen erlangt werden soll. Hier gibt es einige Schwierigkeiten besonders in psychologischer Hinsicht, was hiermit als Warnung ausgesprochen werden soll.

Die in der FAMA beschriebene Reise des C.R. kann als Initiationsvorgang bezeichnet werden. Die erste Stufe der Initiation ist die Suche danach und die zweite Stufe ist die Vorbereitung des Kandidaten, die in seinem Herzen stattfindet und vornehmlich das Gefühl betrifft.

In der Pubertät, also in der blühenden Jugend, etwa mit 15 Jahren, wirken geheime, unbekannte Kräfte, die sich offenbaren wollen. So entsteht immer wieder die Sehnsucht nach dem „Heiligen Grab", das an die toten Formen der Vergangenheit erinnert. Man sehnt sich nach dem, was war, weil es so schön romantisch klingt und immer heroisch verstanden wird. Also es ist die Sehnsucht nach etwas, das man noch nicht kennt. Es ist eine stetige Sehnsucht, das als emsiges Flehen und Bitten bezeichnet wird. Dies ist eigentlich der Wunsch nach neuem Wissen und damit verbunden auch Erfahrung. Durch die Aufnahme esoterischen Wissens werden innere Regungen verspürt, die damit verbunden sind.

So beginnt die Reise und führt nach Zypern, dem Geburtsort der Venus. Von Deutschland, also Europa aus, liegt

Zypern im Osten. Fast alle Sucher wollen nach Osten, um die erste Umformung zu erfahren. Die Venus ist eine der sogenannten sieben Urkräfte, die versucht, sich mit Gegensätzlichem zu vereinen. Das Zentrum der Venus regt das höhere Bewusstsein an und sitzt in der Kehle. Vokalintonationen können hier von wichtigem Vorteil sein.

Die Sehnsucht geht weiter, nach Jerusalem, der Wohnung des Friedens, wo es keinen Streit gibt. Die Reise nach Jerusalem ist also der große Wunsch, den Ort des Friedens zu finden. Der kann, nach allgemeiner Auffassung nur im Osten liegen. Wirklich? Es gibt eine Reihe von Menschen, die den Ort des Friedens im Westen gefunden haben, in einem Teil des Westens, der schon fast wieder Osten ist. Ein englisches Sprichwort sagt: Too far East is West. Was auch zu beachten ist.

Auf der Reise nach Zypern wurde dem Kandidaten ein Mitbruder zugeteilt namens P.A.L., der als das „kosmische Selbst" bezeichnet wird, und auf Zypern plötzlich verstarb, wie die Umformung kosmischer Energien in andere Tätigkeiten bezeichnet wird. Denn es heißt in der Überlieferung, dass der Weg der Initiation allein gegangen werden muss, was dem Wunsch nach Frieden entspricht. Nach dem Tod von P.A.L. besinnt sich C.R. auf seine Reise, die er fortsetzen will. Daher reist er zunächst nach Damaskus, das nördlich von Jerusalem liegt. Der Norden symbolisiert die Dunkelheit und gleichzeitig Arbeit. Damaskus ist als die Stätte der Arbeit bekannt.

Dort muss an sich gearbeitet werden, was soviel heißt wie, die physische Verfassung muss verbessert werden, und es ist ziemlich viel und harte Arbeit notwendig, um den physischen Körper in Ordnung zu bringen. Schließlich muss eine physikalische Neuordnung erreicht werden, um den Weg weiterzuführen. Das heißt soviel wie, man muss gesund werden, damit das Geistige sich korrekt auswirken kann. Der physische Körper darf nicht vernachlässigt werden. Die Arbeit an der Gesundheit benötigt Zeit und Anstrengung. Die Vorbereitung auf die Initiation bringt Kenntnisse und Fähigkeiten mit sich und befähigt, weitere Kenntnis von Gesetzen zu erlangen, die die inneren Kräfte mobilisieren. Dazu gehört natürlich richtiges Essen, genügend Flüssigkeiten aufnehmen (Wasser), richtiges, natürliches Atmen und eine gewisse Kontrolle über die Muskeln, was man durch Gymnastik erreicht. Auch unbewusste Funktionen des Körpers werden hier angesprochen, der richtigen Vorbereitung entsprechend.

Durch all diese Vorbereitungen werden die physischen aber auch die psychischen Kräfte weiterentwickelt, wodurch ein Kandidat die Sympathien der bereits Eingeweihten gewinnt. So erging es dem C.R. in Damaskus. Er arbeitete nicht mit den Eingeweihten, sondern erlangte deren Gunst, deren Sympathie, denn die Türken waren früher Meister in diesen Disziplinen. Was viele nicht wissen, dass die Moslems im 14. Jahrhundert die Christen verachteten, weil diese nicht so Meister waren wie sie. Es muss auch hervorgehoben werden, dass die Weisen der damaligen Welt arabisch sprachen, weswegen auch der Tempel der Initiation in der arabischen Wüste lag: Damcar, das der Initiationstempel war, das Zentrum der Initiation. Arabien steht symbolisch für Unfruchtbarkeit, Wüste, Sterilität. Zur Erlangung der Initiation in Damcar wurde vorübergehende Keuschheit verlangt, die in Gedanken, Worten und Handlungen darzubringen war. Durch diese Keuschheit wurden starke physische und auch psychische Kräfte frei, die wichtig waren für die Selbsterziehung. Damcar ist der Initiationstempel in Arabien in dem der Aufenthalt begrenzt ist, denn es ist der Tempel der arabischen Meister.

DM (DAM) = Blut = 44 = innerer Körper des Initianden (Geist)

CR (CAR) = Lamm = 220 = äußerer Körper des Initianden

Der Aufenthalt in Damcar ist symbolisch für die Vervollkommnung des äußeren Menschen, damit das innere Selbst zur Wirkung kommen kann, denn die Kräfte der Überseele werden befreit. Hier sei auch gesagt, dass esoterische Übungen die chemische Zusammensetzung des Blutes verändern können. Die Kräfte der Überseele sind die dort erzeugten Gedankenbilder, die schöpferisch wirken können. Die Überseele beherbergt auch das Christusbewusstsein, das im innersten Zentrum des Menschen wirkt.

Von Damcar sagt man auch, dass es der Tempel Salomons sei. Die materielle Arbeit wird der esoterischen Mathematik zugeordnet, die wiederum die Geometrie und die Physik beinhaltet. Durch die esoterische Medizin wird die Lenkung der inneren Kräfte und der Zustand des Blutes beeinflusst.

Neue Formen bringen neues Bewusstsein, wodurch die Vervollkommnung des materiellen Körpers des Menschen durch die Führung der kosmischen Kräfte verstanden wird. Geometrische Verhältnisse findet man in allen Formen der Natur und deren Signaturen, die durch Unterschriften bestätigt werden können.

Vor der Arbeit, Meditation, Initiation steht die Sehnsucht nach Erleuchtung, um in den Tempel von Damcar einzukehren. Die erste Arbeit wird in Damaskus verrichtet. Die zweite Arbeit in Damcar.

Die Initiation in Malkuth ist eine stufenweise Einführung ohne jeglichen Zwang. Dabei werden die psychischen Zentren erweckt und eine Abstimmung auf das kosmische Bewusstsein durchgeführt, damit ein Fall nach UNTEN in Jesod verhindert wird. Man muss sich der kosmischen Führung anvertrauen.

Die Pubertät ist mit 16 Jahren etwa beendet, dann kann die esoterische Arbeit beginnen, damit die Bedeutung gewisser Lebensvorgänge bewusst wird. Daher haben die Weisen gewartet.

Die arabische Sprache = im Buch der Natur lesen und lernen, damit eine ordnungsgemäße Darlegung des Erfassten gegeben werden kann. Dadurch wird man in die Geheimnisse der Natur eingeführt.

Das Liber M. (Mundi) = das Buch der Welt, das alle Naturgesetze enthält. Dieses Liber M. zu studieren heißt: empfangsbereit werden für die Kräfte, die von oben kommen aus dem kosmischen Bewusstsein. Es heißt aber auch, die Kräfte die nach unten ziehen zu erkennen, damit man nicht überwältigt wird von ihnen und in der Dunkelheit gefangen gehalten wird.

Etwas in ein „gut Latein" gebracht = im Liber Mundi lesen, dann darüber klar werden, was man gelesen hat und was es bedeutet, um es dann zu übersetzen in eine verständliche Sprache. Die Umgangssprache sollte daher geformt werden, damit sie allgemein verständlich ist.

Drei Jahre in Damcar = drei Jahre Arbeit für Kenntnisse in Physik und Mathematik zu erlangen, um eine Umkehr zu gestalten und die Ausbildung zu beenden.

Ägypten: Hier ist die Tierseele mit gemeint; es ist das Land der Finsternis und symbolisiert die Unterwelt. Die geheimen Kräfte der Unterwelt müssen gekannt werden, um ihnen nicht zu erliegen. Daher gilt: Kein Verbleiben in Ägypten.

Ägypten symbolisiert auch die Gefangenschaft durch unbewusste niedere Kräfte, die vermenschlicht sind. Die zeremonielle Magie experimentiert damit.

Die Märchen berichten vom Zusammentreffen mit unbewussten Kräften, von denen die Befreiung nicht so schnell vonstattengeht: Undinen, Gnomen, Salamander etc.

Die Tierseele wohnt in allen Menschen und befindet sich EINE Stufe UNTER der Menschenseele. So reisten alle Initianden nach Ägypten, denn dort befinden sich die Bewusstseinsformen unterhalb des menschlichen Bewusstseins. Denn dort sind besondere unterbewusste Kräfte in Tieren und Pflanzen hochentwickelt, die zunächst erkannt, gebändigt und dann positiv verwandt werden müssen, andernfalls wird man von ihnen überwältigt. Die Kräfte der Unterwelt muss man kennen, um sie lenken zu können. Der Rote Löwe auf der Tarotkarte Nr. 8 ist eine symbolische Ausdrucksweise dafür. Unter MAGIE versteht man die angewandte Wissenschaft der Schwingungen.

Fez - Fessanum: der Ort des Intellekts = Hod = Hermes
Fez: Arabisches Zentrum für Kultur (13. - 14. Jahrhundert) und Mittelpunkt der damaligen bekannten intellektuellen Welt. Blühendes Zentrum wirtschaftlicher und kultureller Art mit bekannter Universität und Bibliothek.

Fez liegt gewissermaßen am Westende des Mittelmeers und ist somit im Gegensatz zum Osten (Damcar).

Die Einwohner von Fez symbolisieren die Intelligenzen von geistigen Wesenheiten, die elementaren Ausdrucksformen der Energie. Die Naturkräfte wurden vermenschlicht, so auch die Handlungen der Menschen gesehen (Aufenthalt in der Medina in Fez). Von diesen elementarischen Einwohnern hat C.R.C. viel gelernt, so auch das Unterscheiden zwischen Gut und Böse. Bei der Ankunft in Fez war C.R.C. 20 Jahre alt (mystisches Alter) und beim Verlassen von Damcar war er 19 Jahre alt. Er war also ein Jahr lang auf der Reise von Damcar nach Fez, wobei er das ganze Mittelmeer umrundete. Über dieses eine Jahr gibt es keinerlei Hinweise oder Berichte über Geschehnisse (Geheimnis?).

Die Magie der Fessaner war nicht rein und die Kabbalah mit ihrer Religion vermischt. Was soviel aussagt wie: Selbstsüchtige Interessen waren vorhanden, um Vorteile über andere Menschen zu erlangen. Die wahre Sicht der religiösen Vorgänge waren durch die Religion verwässert.

Als C.R.C. die Stadt Fez verließ, war er 22 Jahre alt (mystisches Alter). Die Zahl 22 symbolisiert den Kreis, Ende und Anfang, eine Einheit bildend. 22 steht auch für die 22 Phasen des Bewusstseins. Ebenso für die 22 Buchstaben des hebräischen Alphabets und besagt, dass vorbereitende Prüfungen notwendig sind, um ein solches Werk zu beginnen und weiterzuführen. Wenn die vorbereitenden Prüfungen beendet sind, kann die neue Entwicklung beginnen.

Unter Axiomata versteht man auch die sogenannten esoterischen Wahrheiten, die aus dem Innern gefunden worden sind.

Die Ecclesia symbolisiert die innere Kirche, also den Kreis derer, die gelernt haben, nach innen zu hören. Siehe auch Tarotkarte Nr. 5, der Hierophant.

Das esoterische Wissen befindet sich immer außerhalb des menschlichen Bewusstseins. Man muss weiterarbeiten und versuchen besser zu werden. Dann ist das sogenannte Mehrwissen zu verkleinern, da die Verschwiegenheit und das Unterscheidungsvermögen erst entwickelt werden müssen. Durch die Verkleinerung des „Mehrwissens" erst kann das esoterische Wissen gefunden und dem Bewusstsein einverleibt werden. Vieles Wissen bedeutet nicht automatisch auch esoterisches Wissen, das vielmehr durch eigene Erfahrungen aus dem Innern geholt und dann dem äußeren Bewusstsein einverleibt wird.

Die Reise nach Spanien bedeutet auch, der intensive Wunsch, neues Wissen auszubreiten, das man gerade empfangen hat. Man vergisst, dass das Wissen erst erprobt werden muss, ehe man es weitergibt. Daher ist das Ausbreiten des neuen Wissens mit soviel Schwierigkeiten verbunden, bis die Einsicht kommt, erst einmal zu probieren und im Stillen anzuwenden. Dabei gemachte Erfahrungen berechtigen dann, Wissen auszubreiten. Das gesamte

Denken muss hierbei umgekehrt werden, wie dies in der Tarotkarte des Gehängten veranschaulicht wird.

Die vier kardinalen Raumrichtungen sind: Norden, Süden, Osten, Westen. Esoteriker und Kabbalisten stellen an diesen Stellen Wachttürme auf, um sich und ihre Arbeit zu schützen.

Als C.R. nach Deutschland zurückkommt, besorgt er sich erst einmal eine geeignete Habitation, also eine Wohnung, in der er sich wohlfühlt. Dort beginnt er, all seine Erfahrungen und gesammelten Erkenntnisse noch einmal zu rekapitulieren, und sie dann niederzuschreiben, damit andere sie lesen und Nutzen daraus ziehen können. Er bildet auch seine schönen Instrumente aus, was soviel heißt wie: Er hat seine psychischen Zentren angeregt, um sie noch besser gebrauchen zu können.

Insgesamt wartet C.R. in Deutschland fünf Jahre, bis er beginnt, die Reformation wieder einzuleiten 22 Jahre war er, als er Fez verließ, und nun, zu Beginn seiner neuen Arbeit ist er 27 Jahre, womit sein eigentliches mystisches Alter beginnt. 27, die Zahl der geheimen Wahrheit (gnostischer Würfel) ist auch zu verstehen als 3 x 3 x 3 = Reinheit. Er ist also mit sich selbst ins Reine gekommen und kann also mit seiner Arbeit starten. Er hat in der Vergangenheit die Erfahrung gemacht, dass er allein nicht dazu in der Lage ist, diese Arbeit zu erledigen. Also sucht er sich die geeigneten Helfer und zwar zunächst DREI Adjuncten und Collaboranten, also vorhandene Kräfte, die aus der materiellen Welt geholt werden: Zunächst nimmt er G.V. auf, den Mittelpunkt für die Arbeit (Gimel, Vav = 3 + 6 = 9 = Teth, die Schlange, Weisheit und List).

Dann nimmt er I.A. auf und bestimmt damit wo (10 + 1 = Jod, Aleph = 11 = 2 Beth, das Haus). Dann nimmt er noch I.O. auf, damit der Mund als Sprachorgan eingesetzt werden kann (Jod, Ayin = 10 + 70 = 80 Peh = Mund als Sprachorgan). So ergeben 9 + 11 + 80 = 100 = Qoph = physischer Wiederaufbau = Anstrengung.

C.R. = 220 + 100 = 320 = Freunde, Brüder. Also kann die Arbeit beginnen unter vier Personen (vier = Beständigkeit). C.R. + G.V. + I.A. + I.O.

Sie errichteten das Domus Sanctus Spiritus = Haus des Heiligen Geistes.

Die Arbeit wurde zu viel, so dass noch vier weitere Personen hinzugenommen wurden:

R.C. + B. + G.G. + P.D. = 220 + 2 + 6 + 84 = 312 = Essenz, Meister, auch Neubau, Erneuerung; ebenfalls: Westen, symbolisch für die Gegenwart.

312 = 12 x 26 = vollkommener Ausdruck einer Sache x unaussprechbarer Name Gottes. Ich bin, der ich bin. Zu den 4 ersten Personen kamen also noch vier weitere

hinzu. Die Beständigkeit (4) wurde erweitert mit R.C. = Rach = Barmherzigkeit + Beth = Haus = Obdach + G.G. = Entschlusskraft = Verschwiegenheit + P.D. = Ausbreitung nach Initiation.

So waren es also 8 Mitglieder = Stärke (Tarotkarte 8) = 1 + 7 = Aleph + Zain = Urkraft und Schwert. Diese sollen den neuen Orden in Bewegung bringen.

8 = Punkte die den Würfel begrenzen
8 = Christus zugeordnet
8 = Vollkommenheit, unendlich = Cheth = kosmischer Einfluss
8 = Eingang, Schwelle = Anfang eines Unternehmens = Merkur = Götterbote

Als die Arbeit vollendet war, gingen die Brüder in die Welt, nachdem sie 6 Verpflichtungen zugestimmt hatten.

1. Wahres Heilen üben (nicht physisches Heilen) = Gemüt und Seele bessern und so den Gesamtzustand heilen, damit Seele und Geist harmonisch mit dem Körper arbeiten und einen Zustand der Harmonie herstellen.
2. Ein wahrer R.C. will nicht in seiner äußeren Form verschieden sein von seinen Mitmenschen.
3. Am Tag C sollen sich alle im Domus Sanctus Spiritus versammeln und ihren Bericht abgeben. Wenn man abwesend sein muss, die Ursache der Abwesenheit bekannt geben.

4. Einen würdigen Nachfolger suchen, der die Arbeit fortsetzen kann. Es können auch mehrere gesucht werden.
5. R.C. soll ihr Siegel, Losung und ihr Charakter sein (Rach = Barmherzigkeit, Liebe).
6. Der Orden soll 100 Jahre geheim bleiben, verschwiegen sein. 100 = Qoph = verschwiegen, organischer Aufbau während des Schlafens/Ruhens.

Manuskript Nr. 12

Die FAMA enthält die Prinzipien der Rosenkreuzer des 16. und 17. Jahrhunderts, die Teil der Geheimnisse der Bruderschaft R.C. sind. Diese Geheimnisse können erfahren werden, wenn der geneigte Leser, die geneigte Leserin daran interessiert sind und ein Studium der R.C.-Prinzipien beginnen, das sie zum Verständnis der FAMA FRATERNITATIS führt. Sie werden unter anderem mit den verschiedenen Worten hebräischer, lateinischer und auch griechischer Sprache vertraut gemacht, die gewisse Zahlenwerte haben. Gewissermaßen mit der Gematria dieser Sprachen, was heißt, dass Worte, die die gleichen Zahlen haben, miteinander verwandt sind. Einige Beispiele:

AChD = Achad = Einheit = Aleph, Cheth, Daleth = 1 + 8 + 4 = 13

AHBH = Ahebah = Liebe = Aleph, Heh, Beth, Heh = 1 + 5 + 2 + 5 = 13

R.C. = Rach = Zartheit, Barmherzigkeit = Resch, Kaph = 200 + 20 = 220 = Bruderschaft des R.C. = Auserlesene, Klare, Reine, Rose, feste Grundlage, abgewiesener (Schluss-)Stein des Baumeisters = 10 Sephiroth x 22 Pfade

C.R. = Car = Lamm Gottes, Kaph, Resch = 20 + 200 = 220 = mystischer Name für „unser Bruder", Lamm des verzehrenden Feuers

C.C.R. = Cecar = Kreis (mit Punkt) = erster Same = Kaph, Kaph, Resch = 20 + 20 + 200 = 240

C.R.C. = ? = Kaph, Resch, Kaph = 20 + 200 + 20 = 240

Die FAMA FRATERNITATIS gehört in die Zeit der Reformation. Diese war eine Zeit des Gärens und des Suchens vor dem Dreißigjährigen Krieg, einer Rebellion vor allem gegen die Alleinherrschaft der römischen Kirche. Die FAMA hat auch den Untertitel „Entdeckung der hochlöblichen Bruderschaft des R.C.", was soviel heißt, dass diese Bruderschaft schon vorhanden war, hat also bestanden und war nicht neu. Sie war an die Gebildeten und Häupter gerichtet, was da waren die Theologen, Naturwissenschaftler, Gelehrte der Kabbalah und Gematria usw. Es wurde also nicht die Allgemeinheit angesprochen, da man davon ausging, dass die Allgemeinheit nicht lesen und schreiben konnte.

Der Gründer der Bruderschaft soll Vatter C.R. gewesen sein, der bei seinem Tode 106 Jahre gezählt habe.
106 = Nun, der Fisch der Mystik = Nun, Vav, Nun = 50 + 6 + 50
106 = Christus, Überseele, vitale Lebenskraft (Skorpion, Adler), höchster Grad des Bewusstseins, Karte 13 (Tod) im Tarot
106 = Antimoni = Materia Prima

Geboren wurde der Gründer der Bruderschaft 1378, so verkündet es die CONFESSIO FRATERNITATIS.

1378 = Kether, Binah, Netzach, Hod = 1 + 3 + 7 + 8 = 19 = 10 = 1 + 0 = 1

13 = AChD = Achad = Einheit = Liebe = Venus

78 = MZLA = kosmische Einflüsse von oben = Mem, Zain, Lamed, Aleph = 40 + 7 + 30 + 1

78 = ChNK = Chanuk = initiieren = Brot + Salz = Cheth, Nun, Kaph = 8 + 50 + 20

137 = QBLH = Qabalah/Kabbalah = mündliche Überlieferung der Esoterik = Qoph, Beth, Lamed, Heh = 100 + 2 + 30 + 5

8 = Cheth = Hermes = Schwingungen

37 = LZ = unteilbares kosmisches Selbst, Winkel im Dreieck Horus/Isis
37 = bekannte, offenbarte Wahrheit = Würfel von 4

1378 = 13 x 106 = Lebensjahre des Gründers der zugleich Vater, Bruder, Arzt und Lehrer war
1378 = wahres geistiges Selbst im Menschen; Tiphareth, Evangelien, Jesus = Vater und ich = eins

C.R. = Christus - Krishna - Khor/Horus (ägyptisch) = Fisch = allsehendes Auge, Horus - Sohn einer Jungfrau, Sonnengott

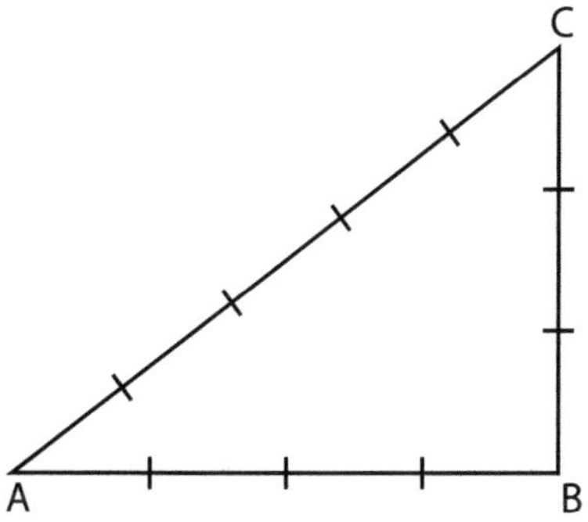

Waagrecht AB; Senkrecht BC; schräg AC
AB = Isis BC = Osiris AC = Horus

1378 = 1 + 3 + 7 + 8 = 19; 1 + 9 = 10; 1 + 0 = 1
1 = Kether, Krone, kosmisches Selbst
3 = Binah, Verständnis, Formen erschaffendes Prinzip, Mutter/schwarz

7 = Netzach, gereinigtes Verlangen, Planeten/Elohim; kosmische Kraft mit Venus, Vereinigung von Gegensätzlichem
8 = Hod, Wirkungsbereich des Merkur

Dies sind die kosmischen Stufen/Ebenen bei der Geburt des C.R.

Die FAMA berichtet von der Initiation des Gründers, von seiner Reise nach Damcar und der Reise nach Fez in Marokko. Die Initiationen fangen unten an, bei Malkuth, der Welt der Materie.

Die fünfte Stufe der Entwicklung der kosmischen strahlenden Energie, es ist Zeit für die Initiation. Die fünf ist die Zahl des Menschen - Pentagramm - Fünfeck. Im Kloster herrscht der Zustand der Knechtschaft der materiellen Welt. Das innere Selbst ist im äußeren Selbst gefangen gehalten, versteckt in einer materiellen Hülle, aus der es sich langsam befreien muss. Wenn etwas als ziemlich gut bezeichnet wird, dann ist es nicht so besonders. In der esoterischen Sprache wird die Bezeichnung „griechisch" als „Philosophie" bezeichnet und „lateinisch" als „Naturwissenschaften". Der Gründer der Bruderschaft R.C. hat in seiner blühenden Jugend durch emsiges Flehen und Bitten erreicht, dass ihm die kosmische Urkraft gegeben wird. Wenn der Mensch okkultes Wissen erlangen möchte, muss er zunächst die Philosophie und die Wissenschaften kennen. Ohne diese Kenntnis ist es äußerst schwierig, okkultes Wissen zu erlangen. So ist auch die Kenntnis des menschlichen Körpers Voraussetzung zum Verständnis des höheren okkulten Wissens. Esoterische Wahrheiten über das höhere Bewusstsein können nur von vorbereiteten Menschen richtig erfasst werden.

Die erste Stufe der Initiation ist die bewusste Suche. In seinem Herzen wird der Kandidat vorbereitet, denn die geheimen Kräfte beginnen in der Pubertät sich zu offenbaren.

Dem Reisenden nach Jerusalem, denn dorthin wollte C.R., wird ein Bruder mitgegeben, der P.A.L. genannt wurde.
P.A.L. = Peh, Aleph, Lamed = 80 + 1 + 30 = 111
ALP = Aleph, Lamed, Peh = Aleph = Ochse = Urkraft = Nous
PLA = Intelligenz von Kether, dem kosmischen Urwillen

Dieser Bruder P.A.L. stirbt auf Zypern, wie die FAMA berichtet. Die Begleitung durch die kosmische Urkraft ist hier nicht mehr nötig, da der Reisende allein wissen muss, was er zu unternehmen hat. Selbständigkeit ist erforderlich und keine Abhängigkeit. Die Insel Zypern ist der Geburtsort der Venus, die stets die Vereinigung von Gegensätzen erstrebt, und somit die allumfassende Liebe symbolisiert. Es fand eine Umformung nutzlos gewordener Formen statt. Ein neues Bewusstsein sollte die Folge sein.

Jerusalem, wohin die Reise gehen sollte, ist die Wohnung des Friedens, die Stätte der Ruhe. Die Suche nach innerem Frieden ist der Beweggrund zur Initiation. So dient die Pilgerfahrt nach Jerusalem eigentlich der Verehrung toter Formen der Vergangenheit. Die Wahrheit ist niemals veraltet. Die Verehrung der Wahrheit darf nicht in Aberglauben ausarten, was psychologische Schwierigkeiten zur Folge hätte. Der Wunsch, Jerusalem zu besuchen, besteht weiter fort. Doch geht die Reise zunächst nach Damaskus, der Stätte der Arbeit. Hier soll der Körper aufgebaut werden, denn der Körper soll funktionieren, ohne Störungen, ehe die esoterischen Übungen beginnen. So wird der Mensch zum Neophyten, denn er ist sich seiner Begrenzung bewusst, die er gerne überschreiten möchte. Er muss lernen, sich selbst zu befreien. Die Anregung der psychischen Kräfte ist aber nicht der Hauptzweck der Arbeit. Es wird vielmehr auf die besonderen Tätigkeiten des Unbewussten Wert gelegt. Eine neue Art von Bewusstsein soll eingeleitet werden. Daher die Bildung neuer Formen. Es soll eine Vervollkommnung des materiellen Körpers erfolgen durch die Führung der kosmischen Kräfte. Das symbolische Licht dämmert im Osten und C.R. bereitet sich vor. Dadurch erhält er die Verbindung mit den Türken. Diese waren damals, im Gegensatz zu vielen Europäern, mit den Gesetzmäßigkeiten des Unbewussten vertraut und haben dadurch psychische und geistige Kräfte weiterentwickelt.

Um den mystischen Weg zu gehen, müssen sich richtige Gewohnheiten entwickeln: Nahrung, Wasser, Atmung.

Eine Initiation ist zu vollziehen, der Arbeit und Verehrung folgen sollen und schließlich die notwendige Meditation.

C.R. macht in Damaskus die Bekanntschaft mit den arabischen Meistern, die ihn nach Damcar verweisen zum Tempel der Initiation; DMCR = 4 + 40 + 20 + 200 = 264.

Arabien symbolisiert die Wüste, die Unfruchtbarkeit und Keuschheit. Vor der Initiation wird zeitweise Keuschheit verlangt in Gedanken, Worten und in Taten. Die Keuschheit bedingt, dass die angeregten psychischen Kräfte auch richtig reagieren. Durch die durchzuführende Selbstbeherrschung wird der vorhandene Vorrat an vitaler Lebenskraft gestärkt. Es soll hier auch vermerkt sein, dass die geforderten psychischen Übungen die Chemiezusammenstellung des menschlichen Körpers verändern werden. Die Ausdrucksformen des menschlichen Körpers werden vervollkommnet.

Der Tempel von Damcar dient den besonderen Initiationen. Er liegt in der arabischen Wüste. Man muss zu ihm finden. Die arabischen Meister fordern ein gewisses Wegegeld, das unbedingt zu zahlen ist. Dann heißt es „auf nach Damcar" durch die Wüste. Schon Jesus erklärte, dass er vierzig Tage und Nächte in der Wüste war. Zum Durchqueren der Wüste gehört es, dass man sich in der Keuschheit übt, bis man die Initiation erhalten hat. Danach ist Keuschheit nicht mehr erforderlich.

Damcar = DM = Blut = 4 + 40 = 44, CR = Lamm = 20 + 200 = 220, 40 + 220 = 264 = das Blut des Lammes; das Blut (DAM) im Körper des Initianden (CAR) = die Kräfte der Überseele werden befreit, wenn die Vervollkommnung des äußeren Menschen erreicht ist. Dann kommt das „innere Selbst" zur Wirkung. Dieser Vorgang ist wichtig für die Selbsterziehung. Der innere Körper des Initianden (Geist) wird hier angesprochen, der im äußeren Körper (Lamm) wirkt.

Damcar bedeutet auch Tiphareth. Das sind Gedankenbilder, die schöpferisch wirken. Das Christusbewusstsein im innersten Zentrum des Menschen ist auch hiermit gemeint.

Drei Jahre dauerte der Aufenthalt in Damcar, dann wurde die Arbeit zur Erlangung von Kenntnissen in Physik und Mathematik beendet. Die Umkehr wurde gestattet. Er verließ dann Damcar und reiste nach dem Westen des Mittelmeers und gelangte nach Fez in Marokko, denn dorthin hatten ihn die Weisen von Damcar gewiesen.

Fez in Marokko war etwa vom 13. bis 15. Jahrhundert das arabische Zentrum für Kultur und war Mittelpunkt der damaligen bekannten intellektuellen Welt. Es war ein blühendes Zentrum wirtschaftlicher und kultureller Art mit weithin bekannter Universität und auch Bibliothek.

Als er nach Fez kam, war er 20 Jahre alt und am Ende des Aufenthaltes in Fez hatte er das Alter von 22 Jahren erreicht. Die Zahl 22 symbolisiert den Kreis. Es gibt 22 hebräische Buchstaben, die auch gleichzeitig die 22 Phasen des Bewusstseins repräsentieren. Vorbereitende Prüfungen sind notwendig. Sind diese beendet und bestanden, dann beginnt eine neue Entwicklung und esoterische Wahrheiten werden gefunden. Das esoterische Wissen befindet sich immer außerhalb des menschlichen Bewusstseins. Die esoterischen Wahrheiten werden dann im Innern des Menschen gefunden und müssen in das äußere Bewusstseins transportiert werden.

Wie erlangt man esoterisches Wissen? Man muss zunächst arbeiten, studieren und besser werden, danach den Versuch starten, das Viel- und Mehrwissen zu verkleinern, da die notwendige Verschwiegenheit und das Unterscheidungsvermögen erst entwickelt werden müssen.

Aus der FAMA wissen wir, dass C.R. nach Beendigung seines Aufenthaltes in Fez nach Spanien reiste, denn er hatte den intensiven Wunsch, sein neu erworbenes Wissen auszubreiten, ohne es vorher in die Praxis umgesetzt zu haben. Dies ist mit den größten Schwierigkeiten verbunden, denn wie will er sein Wissen beweisen ohne es praktiziert zu haben? Ein frommer Wunsch!

Er verließ daraufhin Spanien und kehrte nach Hause, nach Deutschland zurück. Er baute sich eine gute Habitation (Wohnung) und schrieb alles nieder, das er gelernt hatte, auch das was er sonst erlebt und gesehen hatte. Er baute auch einige schöne Instrumente aus, damit er sie besser gebrauchen konnte. Er hat seine psychischen Zentren damit angeregt und zur Tätigkeit gebracht. Nach fünf Jahren kam ihm die geistige Reformation wieder in den Sinn. Er war dann im 27. Jahr seines Wirkens, womit sein mystisches Alter erreicht war.

27 = 3 x 3 x 3 = Reinheit

27 = Symbol für die „geheime Wahrheit“ (Würfel von 4)

Er begann seine Arbeit mit vorhandenen Kräften die er aus der materiellen Welt geholt hatte.

So waren sie zusammen:

C.R. = Kaph, Resch = 20 + 200 = 220

G.V. = Gimel, Vav = 3 + 6 = 9 = Teth = Schlange = Weisheit

I.A. = Jod, Aleph = 10 + 1 = 11 = 2 = Beth = Haus

I.O. = Jod, Ayin = 10 + 70 = 80 = Peh = Mund als Sprachorgan. Gleichzeitig gilt: 9 + 11 + 80 = 100 = Qoph = physischer Wiederaufbau im Schlaf = Anstrengung

Grundlage aller Esoterik ist: Selbstausdruck zu geben. Selbstbefragung durch Konzentration zum Mittelpunkt, auf den Mittelpunkt.

So waren es vier Personen, die begannen: Vier ist die Beständigkeit: C.R. + G.V. + I.A. + I.O. = 220 + 9 + 11 + 80 = 320 = Freunde, Brüder

Die FAMA berichtet, dass die Arbeit zu viel wurde und noch weitere Personen hinzukommen mussten:

R.C. = Rach = Zartheit, Barmherzigkeit; = 220

B. = Beth = Haus = Obdach = Verschwiegenheit = 2

G.G. = Gimel, Gimel = Entschlusskraft = 6

P. D. = Peh, Daleth = Ausbreitung nach Initiation = 84 = 220 + 2 + 6 + 84 = 312 = Essenz = Meister

312 = 12 x 26 = Neubau = erneuern = Westen = symbolisch für Gegenwart

12 = vollkommener Ausdruck einer Sache

26 = unaussprechbarer Name Gottes (Ich bin, der ich bin.), JHVH

8 = acht Mitglieder bringen den Orden in Bewegung (1 + 7 = Aleph + Zain), Urkraft und Schwert (Kampf)
8 =acht Punkte begrenzen den Würfel
8 =Christus zugeordnet

8 = Vollkommenheit = Cheth = kosmischer Einfluss = etwas beabsichtigen, etwas verbinden, Eingang = Schwelle, Anfang eines Unternehmens; Merkur = Götterbote. Als die Arbeit vollendet war, fuhren die Brüder in die Welt.

Würfel: Salomos Tempel soll die Form eines Würfels gehabt haben; neues Jerusalem; Allerheiligstes, Adytum

Die Tür des Grabgewölbes ist geöffnet worden. Die Geheimnisse sind nun zugänglich. Diese Öffnung bedeutet die Öffnung des Verständnisses für das verborgene Unterbewusstsein, wodurch die Weisheit Raum ergreift.

FAMA FRATERNITATIS
erste gedruckte Version 1614

FAMA FRATERNITATIS ODER BRUDERSCHAFFT DES HOCHLÖBLICHEN ORDENS DES ROSEN CREUTZES.

An die Häupter, Stände und Gelehrten Europae.

Wir die Brüder der Fraternitet deß R.C. entbieten allen und jeden, so diese unsere Famam Christlicher Meinung lesen, unsern Gruß, Liebe und Gebett.
Nachdem der allein weyse und gnädige Gott in den letzten Tagen sein Gnad und Güte so reichlich über das Menschliche Geschlecht außgossen, daß sich die Erkantnuß, beydes seines Sohns und der Natur, je mehr und mehr erweitert, und wir uns billich einer glückseligen Zeit rühmen mögen, daher Er dann nicht allein fast das halbe theil der unbekandten und verborgenen Welt erfunden, viel wunderliche und zuvor nie geschehene Werck und Geschöpff der Natur uns zuführen, und dann hocherleuchte Ingenia auffstehen lassen, die zum theil die verunreinigte unvollkommene Kunst wieder zu recht brächten, damit doch endlich der Mensch seinen Adel und Herrlichkeit verstünde, welcher gestalt der Microcosmus, und wie weit sich sein Kunst in der Natur erstrecket.
Ob wol nun auch hiermit der unbesonnenen Welt wenig gedienet, und des Lästerns, Lachens und Gespöts immer

mehr ist, auch bey den Gelehrten der Stoltz und Ehrgeitz so hoch, daß sie nicht mögen zusammen tretten und auß allem, so Gott in unserm Seculo reichlich mitgetheilet, ein librum Naturae oder Regulam aller Künsten samlen möchten, sondern je ein theil dem andern zuwider thut, bleibt man doch bey der alten Leyren und muß Bapst, Aristoteles und Galenus, ja was nur einem Codice gleich siehet, wider das helle offenbahre Liecht gelten, die ohn zweifel selbsten, so sie lebten, mit grossen Freuden sich corrigirten: hie ist man aber so grossem Werck zu schwach, und ob wol in Theologia, Physica und Mathematica die Wahrheit entgegen gesetzt, lasset doch der alte Feind seine list und grollen mit hauffen sehen, da er durch Schwärmer, unfried und Landleuffer solchen schönen Lauff hindert und verhaßt machet.

Zu solchem intent einer general Reformation hat sich auch hoch und lange zeit bemühet der weyland Andächtige, Christliche und hocherleuchte Vatter Fr. C.R., ein Teutscher unserer Fraternitet Haupt und Anfänger.
Dieser, nachdem er auß Armut seiner gleichwol Adelichen Eltern im fünfftten Jahr seines Alters in ein Kloster versteckt worden, und also beyde Sprachen, Griechische und Lateinische ziemblich erlernet, wurde er einem Brüder P.a.L., so eine Reyse zum Heyligen Grab fürgenommen, auff sein embsiges flehen und bitten noch in blühender Jugend zugegeben.
Ob wol aber dieser Bruder in Cypern gestorben und also Jerusalem nicht gesehen, kehret doch unser

Fr. C. R. nicht umb, sondern schiffet vollend hinüber und zog auff Damasco zu, in willens, von dannen Jerusalem zu besuchen.

Als er aber wegen Leibes beschwerlichkeit alldar verharren, und wegen des Artzneyens (dessen er nicht unbericht war) der Türcken Gunst erhielte, wurde man ungefehr der Weysen zu Damcar in Arabia zu Rede, was Wunders dieselben trieben und wie ihnen die gantze Natur entdeckt were. Hiedurch wurde das hohe und edle Ingenium Frat. C.R. erweckt, daß ihme Jerusalem nicht mehr so hoch als Damcar im sinn lage. Kondte auch seine Begierde nicht mehr meistern, sondern verdinget sich den Arabern, ihn umb gewisses Geld nach Damcar zu lieffern.

Nur sechzehend Jahr war er alt, als er dahin kam, gleichwohl eines starcken teutschen Gewächs. Da empfingen ihn die Weysen, als er selber bezeuget, nicht wie einen Frembden, sondern gleichsamb auff den sie lange gewartet hetten. Nenneten ihn mit Namen, zeigten ihme auch andere Heimblichkeiten auß seinem Kloster an, dessen er sich nicht genugsamb verwundern konnte. Allda lernet er die Arabische Sprach, wie er dann gleich in folgendem Jahr das Buch und librum M. in gut Latein gebracht und mit sich genommen. Diß ist der Ort, da er seine Physic und Mathematic geholet, deren sich billich die Welt hette zu erfrewen, wann die Liebe grösser und des mißgunstes weniger were.

Nach drey Jahren kehret er wieder umb mit guter Erlaubnuß: Schiffet aus dem Sinu Arabico in Aegypten, da er nicht lange geblieben, allein daß er nunmehr besser auff die Gewechs und Creaturn acht gebe, überschiffete das gantze Mare Mediterraneum, auff daß er kähme gen Fetz, dahin ihn die Araber gewiesen, und ist das billich eine schand, daß so weit entlegene Weysen nicht allein eynig und allen Zanckschrifften zu wider, sondern auch inVertrawung und eröffnung ihrer Heimlichkeiten so geneigt und willig sein.

Alle Jahr schicken die Araber und Africaner zusammen, befragen einander auß den Künsten, ob nicht vielleicht etwas bessers erfunden oder die Erfahrung ihre rationes geschwächt hette: da komet jährlich etwas herfür dadurch Mathematica, Physica und Magia (dann hierinnen sind die Fessaner am besten) gebessert wird, wie es dann Teutschland nun mehr weder an Gelehrten, Magis, Cabalistis, Medicis und Philosophis nicht mangelt, da man es ent/Es sollweder einander möchte zu lieb thun, oder, der gröste hauff nicht wollte, die waid allein abfressen.

Zu Fessa nun oder Fetz machet er kundschafft zu denen, wie er sie zu nennen pflegt, Elementarischen Inwohnern, die ihme viel des Ihrigen eröffneten, wie dann auch wir Teutschen viel des unsern köndten zusammen bringen, da gleiche Eynigkeit unter uns, und da man mit gantzem ernst begerte zu suchen.

Von diesen Fessanern bekendt er offt, daß ihr Magia nicht aller rein, auch die Cabala mit ihrer Religion befleckt were, nichts destoweniger wuste er sie ihme treflich nutz zu machen und befand noch bessern grund seines Glau-

bens, als welcher just mit der gantzen Welt Harmonia concordiert, auch allen periodis seculorum wunderbarlich imprimirt were.
Und hierauß schlosse sich die schöne Vereynigung, daß gleich wie in einem jeden Kernen ist ein gantzer baum oder Frucht, also die gantze grosse Welt in einem kleinen Menschen were, dessen Religion, Policey, Gesundheit, Glieder, Natur, Sprach, Wort und Werck, alles in gleichem tono und Melodey mit Gott, Himmel und Erden ginge: was darwider, das were Irrung, verfälschung und vom Teuffel, welcher allein die erste, mittel und letzte ursach der Weltlichen Dissonantz, Blindheit und Dunckeln: Also möchte freylich einer alle und jede Menschen des Erdbodens examiniren, würde er befinden, daß das Gute und Gewisse immerdar mit ihme selbst eins, das ander mit Tausenderley Irrung und irriger meinung befleckt ist.
Nach zweyen Jahren verließ Fra[ter] R.C. Fessam und fuhr mit vielen köstlichen stücken in Hispaniam, verhoffend, weil er solche Reyse ihme selbsten so wol angelegt, da würden sich die Gelehrten Europae höchlich mit ihme erfrewen und nun mehr alle ihre Studia nach solchen gewissen fundamenten reguliren: besprach sich derowegen mit den Gelehrten in Hispania, worinnen es unsern artibus fählete und wie ihnen zu helffen, worauß die gewisse Indicia volgender seculorum zunehmen und worinnen sie müssen mit den vergangenen concordiren, wie der Ecclesiae mangel und die gantz Philosophia moralis zu verbessern: Er zeigte ihnen newe Gewächs, newe Früchte, Thiere, die sich nicht nach der alten Phi-

losophia richteten und gab ihnen newe axiomata für die Hand, so durchauß alles solvierten.
Aber es war ihnen alles lächerlich und weil es noch new, besorgten sie, ihr grosser Name würde geschmälert, so sie erst lernen und ihre vieljährige irrung bekennen sollten, des ihren weren sie schon gewohnet und hette innen auch genug eingetragen: Ein anderer, deme mit Unruhe gedienet, möchte eben wohl reformiren.
Diß Liedlein wurde ihme von ndern Nationen auch vorgesungen, welches ihn destomehr bewegte, weil er sichs im wenigsten nicht versehen und nun bereit were, alle seine Künste miltiglich den Gelehrten mitzutheilen, da sie allein solcher mühe, aus allen Faculteten, Scientien, Künsten und der gantzen Natur, gewisse ohnfehlbahre axiomata zu schreiben, sich unterwinden wollen, als welche er wuste, daß sie sich, als einem globo gleich, nach dem eynigen Centro richten würden und, wie es bey den Arabern im brauch, allein den Weysen zu einer Regel dienen sollen, daß man also auch in Europa ein Societet hette, die alles genug von Goldt und Edelgestein habe, und es den Königen zu gebührenden propositis mittheile, bey welchen die Regenten erzogen würden, die alles dasjenige, so Gott dem Menschen zu wissen zugelassen, wüsten und in Notfällen möchten (als wie vor Zeiten von den Heyden Abgöttern gelesen wird) bescheides gefragt werden.
Gewißlich wir müssen bekennen, daß die Welt schon damahls mit so grosser Commotion schwanger gangen und in der Geburt gearbeitet, auch sie so unverdrossene

rühmliche Helden herfür gebracht, die mit aller Gewalt durch die Finsternuß und Barbareien hindurchgebrochen und uns schwächern schier nur nachzudrucken gelassen, und freylich der Spitz an dem Trigono igneo gewesen, dessen Flammen nun mehr je heller leuchtet und gewißlich der Welt den letzten Brand entzünden wird.
Ein solcher ist auch in seiner Vocation gewesen Theophrastus, so gleichwohl in unsere Fraternitet nicht getretten, aber doch den Librum M. fleissig gelesen und sein scharffes Ingenium dardurch angezündet: Aber diesen Mann hat der Gelehrten und Naßweysen Ubertrang auch in dem besten Lauff gehindert, daß er sein Bedencken von der Natur nimmer friedlich mit andern conferiren, und deswegen in seinen Schrifften mehr der Fürwitzigen gespottet, als daß er sich gantz sehen lassen, doch ist gedachte Harmonia gründlich bey ihme zu finden, die er ohn zweiffel den Gelehrten mitgetheilet hette, da er sie grösser Kunst, dann subtiles vexirens würdiger befunden, wie er dann auch mit freyem unachtsamen Leben seine zeit verlohren und der Welt ihre thörichte Frewde gelassen.
Damit wir aber unsers geliebten Vatters Frater R.C. nicht vergessen, ist selbiger nach vielen müheseligen Reysen und übel angelegten neuwen reformationen wiederumb in Teutschland gezogen, welches er (umb schier künfftiger änderung und wunderbarlich gefehrlichen Kampffs) hertzlich lieb hatte, allda, ob wol er mit seiner Kunst, besonders aber de transmutatione metallorum wol hette können prangen, ließ er ihme doch den Himmel und

dessen Bürger, die Menschen, viel höher angelegen sein, dann alle Pracht: bawete jedoch ihme ein fügliche und saubere habitation, in welcher er seine Reysen und Philosophey ruminirte und in ein gewiß Memorial brachte. In diesem Hause soll er ein gute zeit mit der Mathematik zugebracht und viel schöne Instrumenten ex omnibus huius aritis partibus zugerichtet haben, davon uns doch nichts als ein wenig geblieben, wie nachfolgends zu vernehmen.

Nach fünff Jahren kam ihme die erwünschte reformation abermal zu sinn und weil er an anderer hülffe und Beystand verzagte, darneben aber seiner Person arbeitsam, hurtig und unverdrossen war, nimpt er ihme für, mit wenigen Adjuncten und Collaboranten selbsten ein solches zu tentiren, begehrt derohalben auß seinem ersten Kloster (als zu welchem er besondern affect trug) drey seiner Mitbrüder, Brüder GV. Fr. I.A. und Fr. I.O., als welche ohne das in Künsten etwas mehrers dann damahln gemein gesehen: diese drey verobligirte er, ihme auffs höchste getrew, embsig und verschwiegen zu sein, auch alles das jenig, dahin er ihnen würde anleytung geben, mit höchstem fleiß auffs Pappier zu bringen, damit die posteritet, so durch besondere Offenbarung künfftig sollen zugelassen werden, nicht umb ein Syllaben oder Buchstaben betrogen würde.

Also fieng an die Bruderschafft des R.C. erstlich allein unter vieren Personen und durch diese wardt zugericht die Magische Sprach und Schrifft mit einem weitleuffigen Vocabulario, wie wir uns deren noch heutiges Tages zu

Gottes Ehr und Ruhms gebrauchen und grosse Weißheit darinnen finden: Sie machten auch den ersten Theil des Buchs Mysterium.

Weil ihnen aber die Arbeit zu groß worden und der Krancken unglaubigen zulauff sie sehr hinderte, auch allbereit sein newes Gebäw, Sancti Spiritus genennet, vollendet war, beschlossen sie noch andere mehr in ihr Gesell- und Bruderschafft zu ziehen. Hierzu wurden erwehlet Fr. R.C., seines verstorbenen Vatters Bruders Sohn, F.B., ein geschickter Mahler, G.G. und P.D. ihre Schreiber: alle Teutschen biß an I.A., daß ihrer also acht, alle lediges Standes und verlobter Jungfrawschafft waren, durch welche gesamblet wurde ein Volumen alles dessen, so der Mensch ihme selbst wünschen, begehren und hoffen kan.

Ob wir wohl freywillig bekennen, daß sich die Welt innerhalb hundert Jahren treflich gebessert, seynd wir doch vergewissert, daß unsere axiomata unbeweglich werden bleiben biß an den Jüngsten Tag, und nichts wird die welt auch in ihrem höchsten und letzten Alter zu sehen bekommen, dann unsere Rotae nehmen ihren anfang von dem Tag, da Gott sprach: Fiat, und enden sich, wann Er sprechen wird: Pereat. Darum soll uns der Teuffel kein Iota zucken, doch schlägt Gottes Uhr alle minuten, da unsere kaum die gantze stunden.

Wir glauben auch festiglich, da unsere Vätter und Brüder weren in unser jetziges helles Liecht gerahten, sie hetten dem Bapst, Machomet, Schrifftgelehrten, Philosophen,

Künstlern und Sophisten besser in die Wollen gegriffen und ihr hülffreiches gemüth nicht nur mit seufftzen und wünschung der Consummation erwiesen haben.
Als nun diese acht Brüder derogestalt alles disponirt und gerichtet hatten, daß nun mehr keine sondere arbeit vonnöhten und auch jeder ein vollkomnen discurs der heimlichen und offenbahren Philosophey hatte, wolten sie auch nicht lenger bey einander bleiben: sondern wie es gleichs anfangs verglichen ward, theileten sie sich in alle Land, damit nicht allein ihre axiomata in geheimb von den Gelehrten schärffer examiniret würden, sondern auch sie selbst, da in einem oder anderm Land einige observation ein Irrung brächte, sie einander möchten berichten. Ihre Vergleichung war diese:
Erstlich: keiner solt sich keiner andern profession außthun, als Krancken zu curiren und diß umbsonst.
Zum Andern: keiner solte genötigt sein, von der Bruderschafft wegen ein gewiß Kleid zu tragen, sondern der Land Arten sich zu gebrauchen.
Zum Dritten: Ein jeder Brüder soll alle Jahre auff C. Tag sich bey Sancti Spiritus einstellen oder seines aussenbleibens ursach schicken
Zum Vierten: ein jeder Brüder soll sich umb ein taugliche Person umbsehen, die ihm auff den fall möchte succediren.
Zum Fünfften: Das Wort R.C. soll ihr Sigill, Losung und Character sein.
Zum Sechsten: Die Bruderschafft soll hundert Jahr verschwiegen bleiben.

Auff diese sechs Articul verlobten sie sich gegeneinander und zogen die fünff Brüder davon, allein die Brüder B. und D. blieben bey dem Vatter Fr. R.C. ein Jahr lang. Als diese auch außzogen, blieb bey ihm sein Vetter und I. O. daß er also die Tag seines Lebens immer zween bey sich hatte.

Und wiewol die Kirch noch ohngeseubert war, wissen wir doch, was sie von ihr gehalten und worauff sie mit verlangen gewartet: Alle Jahr kamen sie mit Frewden zusammen und thaten ihres verrichtens außführliche relation, allda muß es freylich lieblich gewesen sein, alle Wunder so Gott in der weiten Welt hin und wieder außgestrewet, warhafftiglich und on gesicht ehe hören zu erzehlen: Soll auch männiglich vor gewiß halten, daß solche Personen, die von Gott und der gantzen Himmlischen Machina zusammen gerichtet und von dem weisesten Mann, so in etlichen seculis gelebt, außgelesen worden, in höchster Eynigkeit, gröster Verschwiegenheit und möglichster Guttigkeit unter sich selbsten und unter andern gelebt.

In solchen ihrem löblichen Wandel gieng ihr Leben dahin und wiewohl ihre Leiber aller Kranckheit und Schmertzen befreyet waren, köndten doch die Seelen den bestimpten punct der Auflösung nicht überschreiten.

Der erst auß dieser Fraternitet war I.0, starb in Engelland, wie ihm Fr. C. längst zuvor gesagt hatte. Dem succediret sein Diener. Er war in der Cabala sehr fertig und besonders gelehrt, wie dann sein Büchlein H. genennt solches

bezeuget. In Engelland weiß man auch viel von ihme zu sagen, besonders weil er einem jungen Graffen von Nortfolck den Aussatz vertrieben.
Sie hatten beschlossen, daß so viel immer müglich, ihre Begrabnussen verborgen blieben, wie uns dann heut zu Tage nicht bewusst, wo ihrer etzliche geblieben, doch ist jedes stelle mit einem tauglichen successore ergentzt worden.

Das wollen wir aber Gott zu Ehren hiermit öffentlich bekennt haben, daß was wir auch auß dem Buch Mysteriorum heimlichs erfahren (wiewohl wir der gantzen Welt Imaginem und Conterfactur können vor augen haben) ist uns doch weder unser Unglück noch Sterbstündlein bewust, welches ihme der grosse Gott vorbehelt, und uns in steter bereitschafft will haben.
Darvon aber weitläufiger in unserer Confession, darinenn wir auch 37 Ursachen wollen anzeigen, warumb wir an jetzo unser Bruderschafft eröffnen und solche hohe Mysteria freywillig, ungezwungen und ohne alle Belohnung anbieten, auch mehr Goldt, als der König auß Hispania auß beyden Indien bringet, versprechen. Dann Europa gehet schwanger und wird ein starckes Kind gebären, das muß ein grossses Patten und Gvattern Geld haben.
Nach 0. Todt, feyret Fr. C. nicht, sondern berufft die andere, so bald er mochte, zusammen und will uns schier bedüncken, damahls möchte sein Grab erst gemacht worden sein.

Ob wohl wir, die Jüngeren bißher gar nicht wusten, wann unser geliebter Vatter Fra. R.C. gestorben und mehr nicht hatten, als die blosse Namen der Anfänger und aller Successorn biß auff uns, wusten wir uns doch noch wohl einer Heimlichkeit zu erinnern, so A., des D. Successor, der der letzte auß dem andern Reyen mit vielen auß unsern gelebet, durch verborgene Reden von den hundert Jahren und uns den dritten Reyen vertrauewet.
Sonsten müsen wir bekennen, daß nach A. Todt unser keiner das wenigste von R.C. und seinen ersten Mitbrüdern gewust, ausser deme, was in unser Philosophischer Bibliotheca von ihnen vorhanden gewesen, darunter unser Axiomata das fürnembste, Rotae Mundi das künstlichste und Protheus das nützlichste von uns gehalten worden: wissen also nicht gewiß, ob die des andern Reyen gleicher Weißheit mit den Ersten gewesen, und zu allem zugelassen worden.
Es soll aber der großgünstige Leser nachmahln erinnert sein, daß was wir an jetzo von seiner des Fr. R.C. Begrabnuß nicht allein erfahren, sondern auch hiermit öffentlich kundt gethan haben, also von Gott versehen, erlaubt und injungirt worden, deme wir mit solchen trewen nachkommen, daß wo man mit bescheidener und Christlicher Antwort, uns wiederumb wird begegnen, wir nicht schewens haben wollen, unser Tauff und Zunamen, unserer Zusammenkunft und was immer an uns möchte begehret werden, in offenen Druck zueröffnen.
So ist nun die Warheit und gründliche Relation der Erfindung des Hocherleuchten Manns Gottes Fr. C.R.C. diese:

Nachdem A. in Gallia Narbonensi seliglich verschieden, kam an sein statt unser geliebter Bruder N.N. Dieser, als er sich bey uns eingestellt und das solemne Fidei et silentii Juramentum praestiren sollen, berichtet er uns in vertrawen, es hette ihn A. vertröstet, diese Fraternitet würde in kurtzem nicht so geheim, sondern dem gemeinen Vatterland besonders Teutscher Nation behülflich, nothwendig und rühmlich sein, deren er sich in seinem Stand im wenigsten nicht zu beschämen.

Folgends Jahr, als er schon sein Schulrecht gethan und seiner gelegenheit nach, mit so stattlichem Viatico oder Fortunati Säckel zu verreysen willens, gedachte er, als der sonsten ein guter Bawmeister war, etwas an diesem Gebäw zu verändern und füglicher anzurichten. In solcher Renovatur kam er auch an die Memorial tabellen, so von Messing gegossen, und eines jeden der Bruderschafft Namen sampt wenigen anderem innen hielte. Diese wolt er in ein ander und füglicher Gewölb transferiren, dann wo Fr. C. oder wann er gestorben, auch in was Landen er möchte begraben sein, wurde von den Alten verhelet und war uns unbewust.

An seiner Taffel nun steckte ein grosser Nagel etwas stärckers, also daß er mit gewalt außzogen, wurde ein zimlicher stein von dem dünnen Gemawer oder Incrustation über die verborgene Thür mit sich genommen und dieThür unverhofft entdecket Dahero wir mit Freuden und verlangen das übrige Gemawer hinweg geworffen und die Thür gesaubert, daran stund gleich oben mit grosser Versal geschrieben: POST CXX ANNOS PATEBO. Sampt der alten Jahrzahl darunter.

Darüber wir Gott gedanckt und desselbigen Abends, weil wir uns erst in unserer Rota wollen ersehen, beruhen lassen.

Zum dritten mal referiren wir uns auff die Confession, dann was wir hie offenbahren, geschieht den Würdigen zum behelff, den Unwürdigen soll es, ob Gott will, wenig frommen, dann gleich wie unsere Thüre sich nach so viel Jahren wunderbarlicher weyse eröffnet, also soll Europae eine Thüre auffgehen, so das Gemawer vollend hinweg ist, die sich schon sehen lesst, und von nicht wenigen mit begierden erwartet wird.

Des morgens nun eröffneten wir die Thür und befand sich ein Gewölb von sieben seiten und ecken und jede seiten von fünff schuhen, die Höhe acht schuh. Dieses Gewölb, ob es wohl von der Sonnen niemahls bescheinet wurde, leuchtet es doch helle von einer andern, so dieses der Sonnen abgelehnet, und stund zu oberst in dem Centro der Bühnen. In der mitten war an statt eines Grabsteins ein rundes Altarlin, überlegt mit einem messin Bletlin, darauff diese Schrifft: A.C.R.C. HOC UNIVERSI COMPENDIUM VIVUS MIHI SEPULCHRUM FECI.

Umb den ersten Rand oder Reiff herumb stehet: JESUS MIHI OMNIA. In der mitten sein vier figuren im Circul eingeschlossen, deren Umbschrift sein:

1.) NEQUAQUAM VACUUM.
2.) LEGIS JUGUM.
3.) LIBERTAS EVANCELII.
4.) DEI GLORIA INTACTA.

Diß ist alles klahr und lauter, wie auch die siebende seiten und die zween siebende Triangel.
Also knieten wir alle zumal nieder und danckten dem allein Weysen, allein Mächtigen, allein Ewigen Gott, der uns mehr gelehret, denn alle menschliche Vernunft köndte erfinden, hochgelobt sey sein Name.
Dieses Gewölb theilen wir ab in drey theile, die Bune oder Himmel, die Wend oder Seiten, den Boden oder Pflaster. Von dem Himmel werdet ihr diß mahl von uns mehr nicht vernehmen, als daß er nach den sieben seiten in dem lichten Centro in sieben Triangul ertheilt; was aber hierinnen, sollen, ob Gott will, viel ehe ewere (die Ihr deß Heils erwartendt) augen selbsten sehen, als von uns abgerissen empfangen.
Diese seiten sein jede in zehn gevierdte Spacia abgetheilet, jede mit seinen Figuren und sententien, wie die allhier in unserm Büchlein Concentratum auffs fleissigste und getrewlichste abgerissen, beygeleget.
Der Boden ist auch wiederumb in Triangul abgetheilet. Aber weil hierinen des undern Regenten Herrschafft und Gewalt beschrieben, lest sich solches nicht der fürwitzigen gottlosen Welt zu mißbrauch prostituiren. Waß sich aber mit dem Himmlischen Antidoto versehen, tretten der alten bösen Schlangen ohne schew und schaden auff den Kopff, darzu unser Seculum gar wohl gschicket.
Eine jede der seiten hatt eine Thür zu einem Kasten, darinnen unterschiedliche sachen innen ligen, besonders alle unsere Bücher, so wir sonsten auch hatten, sampt dem Voca-

bulario Theoph. B. ab Hoh. und denen, so wir teglich ohne falsch mittheilen. Hierinnen finden wir auch sein Itinerarium und Vitam, darauß dieses meisten theils genommen. In einem andern Kasten waren Spiegel von mancherley Thugend, also auch anderswo Glöcklein, brennende Ampeln, sonderlich etliche wunderkünstliche Gesänge. In gemein alles dahin gerichtet, daß auch nach viel hundert Jahren, da der gantze Orden oder Bruderschafft solte zu grund gehen, selber durch solch eynig Gewölb wiederumb zu restituiren were.

Noch hatten wir den Leichnam unsers so sorgfeltigen und klugen Vatters nicht gesehen. Theten derowegen den Altar beseits, da ließ sich eine starcke messine Platten auffheben und befand sich ein schöner und ruhmwürdiger Leib, unversehret und ohne alle Verwesung, wie derselbe hierbey auffs ehnlichst mit allem ornat und beygelegten stücken Conterfeth zu sehen.

In der Hand hielt er ein Büchlein auff Bergament mit Goldt geschrieben, so T. genandt, welches nun mehr nach der Bibel unser höchster Schatz und billich nicht leichtlich der Welt Censur soll unterworffen werden. Zu ende dieses Büchleins stehet folgendes *Elogium*:

Granum pectori Jesu insitum. Ch. Ros. C. ex nobili atque splendida Germana R.C. familia oriundus, Vir sui Seculi Lumen, futurorum ornamentum, divinis revelationibus, subtilissimis indagationibus, indefessis laboribus ad caelestia atque humana Mysteria arcanave admissus, postquam suam, quam in Arabico et Affricano itineribus collegisset, plusquam regiam aut imperatoriam Gazam suo Seculo nondum convenientem, posteritati eruendam ingeniosissime custodivisset, et jam suarum artium, ut et nominis, fidos ac conjunctissimos haeredes instituisset, Mundum minutum omnibus motibus Magno illi respondentem fabricasset. Hocque tandem praeteritarum, praesentium et futurarum rerum compendio extracto, centenario major, non morbo (quem ipse nunquam corpore expertus erat, nunquam alias infestare sinebat) ullo eum pellente, sed Spiritu Dei evocante, illuminatam Animam inter fratrum amplexus et ultima oscula Creatori Deo reddidisset, Pater dilectissimus, Frater suavissimus, Praeceptor fidelissimus, Amicus integerrimus, a suis ad centum viginti annos hic absconditus est.

Zu unterst hatten sich die unterschrieben:

1. *Fr. I.A., Fr. Ch. electione fraternitaüs caput.*
2. *Fr. S.G.V.M.P.S*
3. *Fr. R.C. Junior, Haeres Sancti Spiritus.*
4. *Fr. B.M.P.A., pictor et Architectus.*
5. *F. G.G.M.P.I. Cabal.*

Secundi circuli:

1. *Fr P.A., Successor Fr. I.0., Mathematicus.*
2. *Fr. A,. Successor Fr. P.D.*
3. *Fr. R., Successor patris C.R.C., cum Christo Triumphantis.*

Zu ende stehet:

Ex DEO NASCIMUR,
IN JESU MORIMUR,
PER SPIRITUM REVIVISCIMUS.

Sein also schon damahln Fr. 0. und Fr. D. verschieden gewesen, wo nun ihr Begrabnus zu finden? Uns zweiffelt aber gar nicht, es werden der alten Brüder keiner on etwas besonders zur Erden gelegt oder vielleicht auch verborgen sein. Wir verhoffen auch, es soll diß unser exempel andere erwecken, fleissiger ihre Namen, die wir darum eröffnen, nachzufragen und dero Begrabnuß aufzusuchen, dann der mehrer theil wegen der Medicin noch unter uhralten Leuten bekandt und gerühmet werden, so möchte vielleicht unsere *Gaza* gemehret oder zum wenigsten besser erleutert werden.

Den *Minutum Mundum* belangend, finden wir den in einem andern Altärlein verwahret, gewiß schöner, als ihn auch ein verständiger Mensch ihm selbsten einbilden möchte. Den lassen wir unabgerissen, biß uns auff diese trewhertzige *Famam* vertrawlich geantwortet wird.

Also haben wir die Platten wieder übergelegt, den Altar darauff gestellt, die Thüre wiederumb verschlossen, und mit unser aller Sigill versigelt, darüber auß anleytung und befelch unserer *Rotae*, etliche Büchlein, darunter auch die *M. Hoch.* (so an statt etlicher Haußsorge, von dem lieblichen M.P. gedichtet worden) evulgirt.

Auch endlich nach gewohnheit wieder voneinander gezogen, die natürlichen Erben in possessione unserer Kleinodien gelassen: Erwarten also, was uns hierauf von Gelehrten oder Ungelehrten für ein Bescheid, Urtheil oder Judicium werde folgen.

Wiewol wir nun wol wissen, daß es umb ein ziemliches, noch nicht an dem, da weder unserm verlangen oder auch anderer hoffnung mit allgemeiner *Reformation Divini et Humani* solle genug geschehen, ist es doch nicht unbillich, daß, ehe die Sonne auffgehet, sie zuvor ein hell oder dunckel Liecht in den Himmel bringt und unter dessen etliche wenige, die sich werden angeben, zusammen tretten, unsere Fraternitet mit der zahl und ansehen des gewünschten und von Pr. C. fürgeschriebenen philosophischen *Canons*, einen glücklichen Anfang machen oder ja unserer Schätz (die uns nimmer mehr außgehen können) mit uns in Demut und Liebe geniessen, die Mühsambkeit dieser Welt überzuckern und in den Wunderwercken Gottes nicht also blind umbgehen.

Damit aber ein jeder Christ wisse, weß Glaubens und Vertrawens wir Leut seyen, so bekennen wir uns zur Erkantnuß Jesu Christi, wie dieselbige zu dieser letzten zeit, besonders in Teutschland, hell und klar außgangen und noch heut zu Tag (außgeschlossen aller Schwermer, Ketzern und falschen Propheten) von gewissen und auffgezeichneten Ländern erhalten, bestritten und propagiert wird.
Geniessen auch zweyer Sacramenten, wie die angesetzt mit allen Phrasibus und Ceremoniis der ersten renovirten Kirchen.
In der Policey erkennen wir das Römische Reich und *Quartam Monarchiam* für unser und der Christen Haupt. Wiewol wir nun wissen, was für änderung bevorstehen und dieselben andern Gottes Gelehrten hertzlich gerne mittheilen wollen, ist diß unser Handschrifft, wird uns

auch ohne Gott kein Mensch vogelfrey machen und den Unwürdigen zu berauben geben: Wir werden aber der *Bonae Causae* verborgene Hülffe thun, nachdeme uns Gott erlaubet oder wehret, dann unser Gold nicht blind, wie der Heyden Fortuna, sondern gehört der Kirchen zum Schmuck und zu des Tempels Ehre.

Unser Philosophia ist nichts newes, sondern wie sie Adam nach seinem Fall erhalten und Moses und Salomon geübet: also solle sie nicht viel Dubitiren oder andere meinungen widerlegen, sondern weil die Warheit eynig, kurtz und ihr selbst immerdar gleich, besonders aber mit *Jesu ex omni parte* und allen membris überein kompt, wie es des Vatters Ebenbild, also sie sein Conterfeth ist. So soll es nicht heissen: Hoc per *Philosophiam Verum est, sed per Theologiam falsum*, sondern worinnen es Plato, Aristoteles, Pytagoras und andere getroffen, wo Enoch, Abraham, Moses, Salomo den außschlag geben, besonders wo das grosse Wunderbuch, die Biblia, concordiret, das kompt zusammen und wird eine Sphera oder Globus, dessen omnes partes gleiche weite vom Centro, wie hiervon in Christlicher Collation weiter und außführlich.

Was aber sonderlich zu unser zeit das gottloße und verfluchte Goldmachen belangt, so sehr überhand genommen, daß zuforderst vielen verlauffenen henckermässigen Leckern grosse Buberey hierunter zutreiben und vieler fürwitz und Credulitet sich mißzubrauchen, anleytung geben. Als auch von bescheidenen Personen nun mehr dafür gehalten wird, als ob die *mutatio metallorum* der höchste apex und *fastigium* in der Philosophia were, darumben alles zuthun und derselbe Gott besonders lieb sein müsse, so nur grosse Goldmassen und klumpen machen köndte, dahin sie mit unbedachtem bitten oder hertzleidischem saur sehen, den Allwissenden hertzenkündiger Gott verhoffen zu bereden.

So bezeugen wir hiermit öffentlich, daß solches falsch und es mit den wahren *Philosophis* also beschaffen, daß ihnen Gold zu machen ein geringes und nur ein *Parergon* ist, derengleichen sie noch wol andere etlich tausend bessere stücklein haben. Und sagen mit unserm lieben Vatter C.R.C.: *Pfuih aurum nisi quantum aurum*. Dann welchem die gantze Natur offen, der frewt sich nicht, daß er Gold machen kann, oder als Christus sagt, daß ihm dieTeuffel gehorsamb seyen, sondern daß er siehet den Himmel offen und die Engel Gottes auff und absteigen und seinen Namen angeschrieben im Buch des Lebens.

Wir bezeugen auch, daß unter dem Chymischen Namen sein Bücher und Figuren außkommen in *Contumeliam Gloriae* Dei, wie wir solche zu seiner Zeit benennen und den reinen Hertzen einen Catalogum mittheilen wollen: Und bitten alle Gelehrten, in dergleichen Büchern gute Sorge zu haben, dann der Feind sein Unkraut zu sähen, nicht unterlesset, biß es ihm ein stärckerer vertreibt.

Also ersuchen wir nach Fra. C.R.C. meinung, wir seine Brüder zum andern mal alle Gelehrten in Europa, so diese unsere *Famam* in fünff Sprachen außgesandt, sampt der Lateinischen *Confession* werden lesen, daß sie mit wolbedachtem Gemüht dieses unser erbitten erwegen, ihre Künste auffs genauest und schärffst examiniren, gegenwertige Zeit mit allem fleiß besehen und dann ihr bedencken entweder *Communicato Consilio* oder *singulatim* uns schrifftlich im Druck eröffnen, dann obwol weder wir noch unsere Versamblung dieser zeit benennet, soll uns doch gewißlich eines jeden (was Sprach auch das ist) *Judicium* zukommen.

Es soll auch keinem, der seinen Namen wird angeben, fehlen, daß er nicht mit unser einem entweder Mündlich oder, da er es je bedenckens hette, schrifftlich soll zu Sprach kommen. Das sagen wir aber für gewiß, daß, wer es ernstlich und hertzlich mit uns und dem kunfftigen Werck wird meinen, der soll dessen an Gut, Leib und Seel geniessen. Da aber ein Hertz falsch oder nur nach Gold gerichtet, der wird uns zuforderst nicht schaden bringen, sich aber in das höchste und eusserste Verderben stürtzen.

Es soll auch wohl unser Gebäw, da es auch hundert tausendt Menschen hetten von nahem gesehen, der gottlosen Welt in Ewigkeit unberühret, unzerstöret, unbesichtigt und wohl gar verborgen bleiben. *Sub Umbra alarum tuarum Jlehova.*

DIE BRÜDER DER FRATERNITET DEß R.C.

FAMA FRATERNITATIS
Version Frankfurt 1615

FAMA FRATERNITATIS oder Entdeckung der Brüderschaft des Hochlöblichen Ordens des R.C.

An die Häupter, Stände und Gelehrten Europae.

Wihr die Brüder der Fraternitet des R.C. entbieten allen und jeden, so diese unsere Famam christlicher Meinung lesen, unseren Gruß, Liebe und Gebett.
Nachdem der allein weyse und gnädige GOTT, in den letzten Tagen sein Gnad und Güte so reichlich über das menschliche Geschlecht außgossen, daß sich die Erkantnuß, beydes seines Sohns und der Natur, je mehr und mehr erweitert, vnd wihr vns billich einer glücklichen zeit rühmen mögen, daher dann nicht allein dashalbe theil der vnbekandten vnd verborgenen Welt erfunden-viel wunderliche vnd zuvor nie geschehne Werck und Geschöpff der Natur, vns zuführe, vnd dann hocherleuchtete Ingenia auffstehen lassen, die zum theil die verunreinigte vnvolnkommene Kunst wieder zu recht brächten, damit doch endlich der Mensch seinen Adel vnd Herrlichkeit verstünde, welcher gestalt er Microcosmus, vnd wie weit sich seine Kunst in die Natur erstrecket.

Ob wol nun auch hiemit der vnbesonnenen Welt wenig gedienet, vnd des Lästerns, Lachens vnd Gespöts jmmermehr ist, auch bey den Gelehrten der Stoltz vnd Ehrgeitz so hoch, daß daß nicht mögen zusammen tretten, vnd auß allem, so GOTT in vnserm *seculo* reichlich mitgetheilet, *in librum naturae*, oder *regulam* aller Künsten, söndern möchten, sondern je ein theil dem andern zu wieder thut, bleibt man bey der alten Leyren, vnd muß Bapst, *Aristoteles, Galenus*, ja was nur einem Codice *gleich* siehet, wieder dashelle offenbahre Liecht gelten, die ohn zweifel selbsten, so sie lebten, mit großen Frewden sich corrigierten: hie aber ist man so großen Worten zu schwach, vnd ob wol in *Theologia, Physica* vnnd *Mathematica*, die Warheit entgegen gesetzt, lesset doch der alte Feind seine list vnd grollen mit hauffen sehen, da er durch Schwärmer vnfried vnd Landleuffer, solchen schönen Lauff hindert, vnd verhaßt machet.

Zu solchem *intent* einer *general Reformation*, hat sich auch hoch vnd lange zeit bemühet, der weyland Andächtige, Geitsliche vnd Hocherleuchtete Vatter *Fr. C.R.* ein Teutscher vnserer *Fraternitet* Häupt und Anfänger, dieser, nachdem er auß Armut (seiner gleichwol Adelichen Eltern) im fünften Jahr seines Alters, in ein kloster versteckt worden vnd also beyde Spraachen, Griechische vnd Lateinische ziemblich erlernet, wird er einem Bruder *P.A.L.* so eine Reyse zum Heyligen Grab fürgenommen, (auff sein embsig flehen vnd bitten) noch in blühender Jugend, zugegeben: Ob wol aber dieser Bruder in Cypern gestorben, vnd also Jerusalem nicht gesehen, kehret doch vnser *Fr. C.R.* nicht vmb, sondern schiffet vollend hinüber, vnd zohe auff *Damascum* zu, willens, von dannen Jerusalem zubesuchen, als er aber wegen Leibesbeschwerlichkeit alldar verharren, vnd wegen des Artzneyens (dessen er nicht ohnbericht war) der Türcken Gunst erhielte, würde man ohngefehr der Weysen zu Damcar in *Arabia* zu rede, wasWunders dieselben trieben, vnd wie jhnen die gantze Natur entdeckt were, hierdurch wurdedas hohe vnd edle *ingenium Fr. C.R.C.* erweckt, daß jhme Jerusalem nicht mehr so hoch, als Damasco, im sinn lage, kondte auch seine Begierde nicht mehr meistern, sondern verdinget sich den Meistern Arabern, jne vmb gewisses Geld nach Damcar zu lieffern, nuhr 16. Jahr war er alt, als er dahin kahme, gleichwohl eines starcken teutschen Gewächs, da entpfingen jhn die Weysen, als er selber bezeuget, nicht wie einen Frembden, sondern gleichsamb auff denen sie lange gewartet hetten nenten jhne auch mit Nahmen, zeigten jhme auch andere Heimbligkeiten auß seinem Kloster an, dessen er sich nicht genugsamb verwundern können, allda lehrnet er die Arabische Spraach besser, wie er dann gleich in folgendem Jahr dasBuch vnd *librum M.* in gut Latein gebracht, vnnd mit sich genommen: Diß ist der Ort, da er seine Physic vnd Methematic geholet, deren sich billich die Welt hette zu erfrewen, wann die Liebe grösser, vnd deß mißgunstes weniger were: Nach drey Jahren Kehret er wieder vmb, mit guter Erleubnuß, schiffet auß dem *sinu Arabico in Aegypten,* da er nicht lange geblieben, allein daß er nunmehr besser achtung auff die Gewächß vnd Creaturen acht gebe, überschiffte das gantz *Mare mediterraneum*, auff daß er kähme gen

Fez, dahin ihnen die Arraber gewiesen, vnd ist das billich eine schand, daß so weit entlegene Weysen nicht allein eynig, vnd allen Zanckschrifften zu wieder, sondern auch in Vertrawung vnd eröffnung jhrer Heimlichkeiten so geneigt und willig sein.

Alle Jahre schicken die Arraber vnd Africaner zusammen, befragen einander auß den Künsten, ob nicht vielleicht etwas besseres erfunden, oder die Erfahrung jhre *rationes* geschwächt hette, da kömmet järlich etwas herfür, dadurch *Mathematica*, *Physica* vnd *Magia* (denn hierinn sind die Fessaner am besten) gebesert werden, wie es denn Teutschland nunmehr, weder an Gelehrten, *Magis, Cabalistis, Medicis* vnd *Philosophis* nicht mangelt, da man es einander möchte zu lieb thun, oder der gröste hauff nicht wollte, die waid allein abfretzen: Zu Fessanum (oder Fez) machet er kundschafft zu den (wie man sie zu nennen pflegte) Elementarischen Inwohnern, die jhme viel des jhrigen eröffneten, wie dann auch wir Teutschen viel des vunserigens köndten zusammen bringen, dagleiche Eynigkeit vnter vns, vnd da man mit gantzem ernst zusuchen begerete: Von diesen Fessanern bekendt er offt, daß jhr *Magia* nicht aller rein, auch die *Cabala* mit jhrer *Religion* befleckt were, nichstoweniger wuste er sie jhme treflich nutz zu machen, vnd befand noch besseren grund seines glaubens, als elcher just mit der gantzen Welt *Harmonica concordieret*, auch allen *periodis seculorum* wunderbarlichen *imprimirt* were, vnd hierauß schlossen sich die schöne Vereynigung, daß gleich wie in jedem Kernen ist ein guter gantzer Baum oder Frucht, also die gantze grosse Welt in einem kleinen Menschen were, dessen Religion, Policey, Gesundheit, Glieder, natur, Spraache, Worte vnd Wercke, alle in gleichem *tono* vnd Melodey, mit GOTT, Himmel vnd Erden ginge, was darwieder, daswere jrrung, verfälschung, vnd vom Teuffel, welcher allein daserste mittel vnd die letzte vrsach der Weltlichen Dissonantz, Blindheit, vnd Dumbensucht: Also möchte freylich einer alle vnd jede Menschen des Erdbodens examinieren, würde er befinden, daß dasGute vnd Gewisse jmmerdar mit jhme selbst eins, das ander mit Tausenderley jrriger meinung befleckt ist.

Nach zweyen Jahren verließ *Fr. R.C. Fessam*, vnd fuhr mit vielen köstlichen stücken in *Hispaniam*, verhoffend, weil er solche Reyse jhme selbsten so wol angelegt, dawürden sich die Gelehrten *Europae* höchlich mit jhme erfrewen, vnd nunmehr alle jhre *Studia*nach solchen gewissen *fundamenten* reguliren: Besprachte sich derowegen mit den Gelehrten in *Hispania*, worinnen es vnsern *artibus* fählete, vnd wie jhnen zu helffen, woraus die Gewisse *Indica*volgender *seculorum* zunehmen, vnd worinnen sie müssen mit den vergangenen concordiren, wie der Ecclesiaemangel ynd die gantz *Philosophia moralis* zuverbessern: Er zeigte jhnen newe Gewächs, newe Früchte, Thiere, die sich nicht nach der alten *Philosophia* richten, vnd gab jhnen newe *axiomata*für die Hand, so durchauß alles salvierten, aber eswar jhnen alle lächerlich, vnd weil es noch new, besorgten sie, jhr grosser Nahme würde geschmälert, so sie erst lehrnen, vnd jhre vieljährige jrrung bekennen sollten, des jhren weren sie gewohnet, vnd hette ihnen auch genug eingetragen: Ein anderer, deme mit Vnruhe gedienet, möchte eben wohl reformieren.

Diß Liedlein wurde jhme von andern *Nationen* auch vorgesungen, welches jhnen destomehr bewegte, weil er sichs im wenigsten nicht versehen, vnd nuhn bereit were, alle seine Künste miltiglich den Gelehrten mitzutheilen, da sie allen solcher mühe, auß allen *faculteten, scientien*, Künsten, vnd der gantzen Natur, gewiße ohnfehlbare *axiomata* zuschreiben, sich vnterwinden wollen, als welche er wuste, daß sie als einem globo gleich, sich nach dem eynigen *Centro* richten würden, vnd wie es bei den Arabern im brauch, allein den Weysen zu einer Regel dienen *sollen, daß man also auch in* Europa *ein* Societet *hette, die alles* genug von Goldt vnd Edelgestein habe, vnd es den Königen zu gebührenden *propositis* mittheilen köndte, bey welchen die Regenten erzogen würden, die alles das jenige, so GOTT dem Menschen zu wissen zugelassen, wüsten, vnd in Notfällen möchten (als der Heyden Abgötter) theils gefragt werden, gewißlichen wihr müssen bekennen, daß die Welt schon damahls mit so grosser *Commotion* schwanger gangen, vnd in der Geburt gearbeitet, auch so vnverdrossene rühmliche Helden herfür gebracht, die mit aller Gewalt durch die Finsternuß vnd Barbarien hindurch gebrochen, vnd vns schwächern nur nachzudrucken gelassen, vnd freylich der Spitz *in Trigono igneo* gewesen, dessen Flammen numehr Je heller leuchtet, vnd gewißlichen der Welt den letzten Brand antzünden wird. Ein solcher Ist auch in seiner *Vocation* gewesen, *Theophrastus*, so gleichwol in vnsere *Fraternitet* nicht getretten, aber doch den *Librum M.* fleissig gelesen, vnd sein scharffes *ingenium* dardurch angezündet: Aber diesen Mann hat der Gelehrten vnd Naßweysen Vbertrang, auch in dem besten Lauff gehindert, daß er sein Bedencken von der Natur nimmer friedlichen mit andern *conferiren*, vnd deßwegen in seinen Schrifften mehr der Fürwitzigen gespottet, als daß er sich gantz sehen lassen, doch ist gedachte *Harmonia* gründlich bey jhme zu finden, die er ohn zweiffei den Gelehrten mitgetheilet hette, da er sie grösserer Kunst, dann subtiles vexirens würdiger befunden, wie er dann auch mit freyem vnachtsamen Leben seine zeit verlohren, vnd der Welt jhre thörichte Frewde gelassen.

Damit wir aber vnsers geliebten Vatters *Fr. C. R.* nicht vergessen, ist selbiger nach vielen müheseligen Reysen, vnd übel angelegten trewen *informationen*, wiederumb in Teutschland gezogen, welches er (vmb schirestkünfftiger änderung vnd wunderbarlichen gefehrlichen Kampffs willen) hertzlich lieb hatte, allda, obwol er mit seiner Kunst, besonders aber *de transmutatione* metallorum *wol hette können prangen, ließ er jhme doch den* Himmel vnd dessen Bürger, den Menschen viel höher angelegen sein, dann allen Pracht, bawete jedoch Ihm ein fügliche vnd saubere *habitation*, in welcher er seine Reysen, vnd *Philosophiam ruminirte*, vnd in ein gewiß *Memorial* brachte) in diesem Hause sol er ein gute zeit mit der Mathematik zugebracht, vnd vieler schöner Instrumenten, *ex omnibus, hujus artis partibus*, zugerichtet haben, davon vns doch nichts, als ein wenig geblieben, wie nachfolgends zu vernehmen: Nach fünff Jahren kahm jhme die erwünschte reformation abermal zu sinn, vnd weil er an anderer Hülf vnd Beystand verzagte, darneben aber für seine Person arbeitsam, hurtig vnd vnverdrossen war, nimpt er jhme für, mit wenigen *adjuncten* vnd *Collaboranten* selbsten ein solches zu tentiren, begehrt derohalben auß seinem ersten Kloster (als zu welchen er besondern *affect* truge) drey seiner Mitbrüder, *Fr. G. V. Fr. l. A.* vnd *Fr. l. 0.* als welche ohne das in Künsten etwas mehrers, dann damahin gemein, gesehen: diese drey verobligirte er jhme auffs höchste, getrew, embsig, vnd verschwiegen zu sein, auch alles das jenig, dahin er jhnen würde anleytung geben, mit höchstem fleiß auffs Pappier zu bringen, damit die *posteritet*, so durch besondere Offenbarung künfftig sollen zugelassen werden, nicht mit einer Silben oder Buchstaben betrogen würde. Also fieng an die Brüderschaft des R. C. erstlich allein unter 4. Personen, vnd durch diese ward Zugericht, die Magische Spraache vnd Schrifft mit einem weitleufftigen *Vocabulario*, weil wir vns deren noch heutiges Tages, zu Gottes Ehr vnd Ruhms gebrauchen, vnd grosse Weißheit darinnen finden: Sie machten auch den ersten Theil des Buchs M. weil jhnen aber die Arbeit zu groß worden, vnd der Krancken vnglaublichen zulauft sie sehr hinderten, auch allbereit sein newes Gebäw *Sancti Spiritus* genennet, vollendet war, beschlossen sie noch andere mehr in jhr Gesell- vnd Brüderschafft, zu ziehen: hierzu wurden erwehlet *Fr. R. C.* seines verstorbenen Vatters Bruder Sohn, *Fr. B.* ein geschickter Mahler *G. G.* vnd *P. D.* jhre Schreiber, alle Teutschen biß an *I. A.* daß jhr also achte, alle lediges Standes vnd verlobter Jungfrawschafft waren, durch welche gesamblet würder, ein *Volumen*, alles dessen so der Mensch jhme selbst wünschen, begehren oder hoffen kan: Ob wihr nun wohl freywlllig bekennen, daß sich die Welt innerhalb hundert Jahren treflich gebessert, seynd wihr doch vergewissigt, daß vnsere *axiomata* vnbeweglichen werden bleiben, biß an den Jüngsten Tag, vnd nichts wird die Weit auch in jhrem höchsten vnd letzten Alter zusehen bekommen, dann vnsere *Rotae* nehmen jhren anfang von dem Tag, da Gott sprach: *Fiat*, vnd enden sich, wann er sprechen wird, *Pereat*, doch schlägt Gottes Vhr alle minuten, da vnsere kaum die gantze stunden: Wir gläuben auch festiglich, da vnsere geliebte Vätter vnd Brüder, weren in jtziges vnsers helles Liecht gerahten, sie hetten dem Bapst, Machomet, Schrifftgelehrten, Künstlern vnd Sophisten, besser in die Woll gegriffen, vnd jhr hülffreichs gemüht, nicht nuhr mit seufftzen vnd wünschung der *Consumation* erwiesen. Als nuhn diese acht Brüder dergestalt alles disponirt vnd gerichtet hatten, daß nunmehr keine sondere Arbeit vonnöhten, vnd auch jeder ein vollkommen *discurs* der heimlichen vnd offenbahren *Philosophy* hatte, wolten sie auch nicht lenger beyeinander bleiben, sondern wie es gleichs anfangs verglichen, theileten sie sich in alle Land, damit nicht allein ihre *axiomata* in geheimb von den Gelehrten schärffer examiniret würden, sondern auch sie selbst, da in einem oder andern Land einige *observation* ein jrrunge brächte, sie einander möchten berichten.

Ihre Vergleichung war diese: 1. keiner solle sich keiner andern *profession* außthun, dann krancken zu curiren, vnd diß alles umbsonst: 2. keiner sol genötigt sein, von der Brüderschaft wegen ein gewiß Kleid zu tragen, sondern sich der Landes art gebrauchen: 3. ein jeder Bruder sol alle Jahr sich auff *C.* Tag bey *S. Spiritus* einstellen, oder seines aussenbleibens vrsach schicken: 4. ein jeder Bruder sol sich vmb ein tügliche Person vmbsehen, die jhm auff den fall möchte succediren: 5. daß Wort R. C. sol jhr Siegel, Losung vnd Charakter sein: 6. die Brüderschafft sol ein hundert Jahr verschwiegen bleiben. Auff die 6. Articul verlobten sie sich gegen einander, vnd zogen die 5. Brüder davon, allein die Brüder *B.* vnd *D.* blieben bey dem Vätter *Fr. R. C.* ein Jahrlang, als diese auch auszogen, blieb bey jhm sein Vetter vnd *Fr.I. 0.* daß er also die Tag seines Lebens immer zween bey sich hatte: Vnd wiewol die Kirch noch ohngeseubert war, wissen wir doch, was sie von jhro gehalten, vnd worauff sie mit verlangen warteten: Alle Jahr kamen sie mit Frewden zusammen, vnd thaten jhres verrichtens außführliche *relation*, allda muß es freyljch lieblich gewesen sein, alle Wunder so GOTT in der Welt hin vnd wieder außgestrewet, warhafftiglich vnd ohne gedicht anhören zuerzehlen: Sol auch männiglich vor gewiß halten, daß solche Personen, die von GOTT vnd der gantzen Himmlischen *Machina* zusammen gerichtet, vnd von den weysesten Männern, so in etlichen *seculis* gelebt, außgelesen worden, in höchster Eynigkeit, gröster Verschwiegenheit, vnd möglichster Gutthätigkeit vnter sich sebsten, vnd vnter andern gelebt: in solchem jhrem löblichsten Wandel, gieng jhr Leben dahin, vnd wiewohl jhre Leiber aller Kranckheit vnd Schmertzen befreyet waren, köndten doch die Seelen den bestimpten puncten der Auflösung nicht überschreiten: Der erst auß dieser *Fraternitet*, war *l. 0.* starb in Engelland, wie jhm *Fr. C.* längst zuvor gesagt hatte, er war in der *Cabala* sehr fertig, vnd besonders gelehrt, wie dann sein Büchlein H. genennt, solches bezeuget, in Engelland weiß man auch viel von jhme zu sagen, besonders weil er einem jungen Graffen von Nortfolgt den Aussatz vertrieben: Sie hatten beschlossen, daß so viel immer möglich, jhre Begräbnussen verborgen blieben, wie vns dann heut zu Tage nicht bewust, wo jhrer etzliche geblieben, doch ist jedes stelle mit einem tauglichen *successore* ersetzt worden, daß wollen wir aber GOTT zu Ehren hiermit öffentlich bekennt haben, daß was wihr auch auß dem Buch M. heimlichs erfahren, (wiewohl wihr der gantzen Welt *imaginem* vnd *contrafactur* können für augen haben) ist vns doch weder vnser Vnglück vnd Sterbstündlein bewust, welchs jhme der grosse GOTT vorbehelt, vnd vns in steter bereitschafft wil haben, darvon aber weitläufniger In vnserer *Confession*, darinnen wihr auch 37. Vrsachen anzeigen, warumb wihr an jetzo vnser Brüderschafft eröffnen, vnd solche hohe *mysteria* freywillig, vngezwungen, vnd ohne alle Belohnung anbieten, auch mehr Goldt, als der König in *Hispania* auß beyden Indien bringet, versprechen, dann *Europa* gehet schwanger, vnd wird ein starckes Kind gebären, das muß ein grosses Gvatterngeld haben.

Nach *Fr. 0.* Todt, feyret *Fr. R. C.* nicht, sondern berüfft die andere, so bald er mochte, zusammen, vnd wll vns schier bedüncken, damahls möchte sein Grab erst gemacht worden sein: Ob wohl wir (die Jüngere) bißher gar nicht wusten, wann vnser geliebter Vatter *R. C.* gestorben, vnd mehr nicht hatten, als die blosse Nahmen der Anfänger, vnd aller *Successorn*, biß auff vns, wusten wir vns doch wohl noch einer Heimlichkeit zu erinnern, so A. des D. Successor, der der letzte aus dem andern Reyen mit vielen auß vns gelebet, durch verborgene Reden von den 100. Jaren, vnd vns den dritten Reyen vertrawet, sonstet müssen wir bekennen, daß nach A. Todt, vnser keiner das wenigste von *Fr. R. C.* vnd seinen ersten Mitbrüdern gewust, ausser deme, was in vnser Philosophischer *Bibliotheca* von jhnen vorhanden gewesen, darunter vnser Axiomata das fürnembste, *Rotae Mundi* das künstlichste, vnd *Proteus* das nützlichste von vns gehalten worden, wissen also nicht gewiß, ob die, des andern Reyen, gleicher Weißheit, mit den ersten gewesen, vnd zu allem zugelassen worden: Es sol aber der großgünstige Leser nachmahln erinnert sein, daß, was wir an jtzo von seiner des *Fr. R. C.* Begräbnuß nicht allein erfahren, sondern auch hiermit öffentlich kundt thun, also von GOTT versehen, erlaubt, vnd *injungiret* worden, deme wir mit solchen Trewen nachkommen, daß wo man mit bescheidenheit vnd Christlicher Antwort, vns wiederumb wird begegnen, wihr nicht schewens haben wollen, vnser Tauff vnd Zunahmen, vnserer Zusammenkunfft, vnd was jmmer an vns möchte begehret werden, in offnem Truck zueröffnen.

So ist nuhn die Warhelt vnd gründliche *relation*, der erfindung des Hocherleuchten Manns Gottes *Fr. C. R. C.* diese: Nachdem A. in *Gallia Narbonensi* seliglich verschieden, kahm an seine statt vnser geliebter Bruder *N. N.* dieser, als er sich bey vns eingestellt, vnd das *solenne Fidei et silentij Juramentum praestiren* sollen, berichtet er vns in vertrawen, es hette jhnen A. vertröstet, diese *Fraternitet* würde In kurtzem nicht so geheim, sondern dem gemeinen Vatterland Teutscher Nation, behülflich, nohtwendig vnd rühmlich sein, dessen er sich In seinem Stand im wenigsten nicht zu beschämen: Folgends Jahr, als er schon sein Schulrecht gethan, vnd seiner gelegenheit nach, mit so stattlichem *Viatico* oder *Fortunatus* Säckel zuverreysen willens, gedachte er (als der sonsten ein guter Bawmeister war) etwas an diesem Gebäw zuverändern, vnd füglich anzurichten, in solcher *renovatur* kahm er auch an die *memorial tabellen*, so von Messing gegoßen, vnd eines jedern der Brüderschafft Nahmen, sampt wenigem anderm innen hielte, diese wolle er in ander vnd füglicher Gewölb transferiren, dann wo *Fr. R. C.* (oder wann er gestorben, auch in was Landen er möchte begraben sein) wurde von den Alten verhalten, vnd war vns vnbewust: An dieser Taffel nun steckte ein grosser Nagel etwas stärcker, also daß, da er mit gewalt außzogen wurde, er einen ziemblichen Stein von dem dünnen

Gemäwr oder *Incrustation*, über die verborgen Thür mit sich nahme, vnd die Thür ohnverhofft entdeckte, dahero wihr mit Frewden vnd verlangen, das übrige Gemäwr hinweg geworffen, vnd die Thüre geseubert, daran stund gleich oben mit grossen Buchsta-ben geschrieben:

Post CXX ANNOS PATEBO.*)

Sampt der alten Jahrzahl darunter, darüber wir GOTT gedanckt, vnd desselbigen Abends (weil wir vns erst in vnserer *Rota* wolten ersehen) beruhen lassen, (zum drittenmal *referiren* wihr vns auff die *Confession*, dann was wir hie offenbahren, geschicht den Würdigen zum behelff, den Vnwürdigen sol es ob GOTT wil, wenig frommen, dann gleich wie vnsere Thüre sich, nach so viel Jahren, wunderbarlicher weyse eröffnet, also sol *Europae* eine Thüre auffgehen (so das Gemäwre hinweg ist) die sich schon sehen lesset, (vnd von nicht wenigen mit begierd erwartet wird), des morgens öffneten wir die Thür, vnd befand sich ein Gewölb, von sieben seyten vnd ecken, vnd Jede seyten von fünff schuen, die höhe 8. schue, dieses Gewölb, ob es wohl von der Sonnen niemahls bescheinet wurde, leuchtet es doch helle, von einer andern, so dieses der Sonnen abgelernet, vnd stund zu öberst in dem *Centro* der Bühnen, in der mitten war an statt eines Grabsteins ein runter Altar überlegt, mit einem mässinen Blätlein, darauff diese Schrifft:

A. C. R. C. Hoc universi compendium vivus mihi
*sepulchrum feci,*1)

Vmb der ersten Reiff oder Rand herumb stund:

Jesus mihi omnia,[2])

In der mitten sein 4. Figuren Im circkel eingeschlossen, deren Vmbschrifft sein:

1. Nequaquam Vacuum,[3])
2. Legis Jugum,[4])
3. Libertas Evangelij,[5])
4. Dei gloria intacta.[6])

Diß ist alles klahr vnd lauter, wie auch die siebende seyten, vnd die zween siebende Triangel.

Also knieten wihr allezumahl nieder, vnd danckten dem .allein Weysen, allein Mächtigen, allein Ewigen GOTT, der uns mehr gelehret, denn alle Menschliche Vernunft köndte erfinden, gelobet sey sein Nahme:

•) Nach 120 JaKren werde Ich offen stehen.

1) Ich A. C. R. habe mir diese Abbildung des Universums zum Grabmahl aemacht.2) Jesus mein alles. 3) Nirgends leerer Raum. 4) Die Strenge des Gesetzes. 5) Die Freiheit des Evangeliums. 6) Dle unversehrte Herrlichkeit Gottes.

Dieses Gewölb theileten wir ab in drey theile, die Böhne oder Himmel, die Wand oder Seyten, den Boden oder Pflaster, von von dem Himmel werdet jhr diß mahl von vns mehr nicht vernehmen, ohn daß er nach den sieben seyten in dem lichten *Centro* im Triangel getheilet (was aber hierinnen, sollen, (ob GOTT wil) viel ehe ewere (die jhr des Heyls erwarten) Augen selbst sehen) sein jede seyte in 10. gevierdte *spacia* abgetheilet, jede mit seinen figuren vnd *sententien*, wie die allhier in vnserm Büchlein

Concentratum, auffs fleissigste vnd trewlichste abgerissen, beygelegt, der Boden ist auch wiederumb im Triangel abgetheilet, aber weil hierinnen des vnderen Regenten Herrschafft vnd Gewalt beschrieben, lest sich solches nicht der fürwitzigen gottlosen Welt zum mißbrauch *prostituiren*, was sich aber mit dem Himmlischen *antidoto* verstehet, tritt der alten bösen Schlangen ohne schew vnd schaden auff den Kopft, darzu sich vnser *seculum* gar wohl schicket. Eine jede der seyten, hatte eine Thür zu einem Kasten, darinnen vnterschiedliche sachen lagen, besonders alle vnsere Bücher, so wihr sonsten auch hatten, sampt deme *Vocabulario Theoph: P. ab: Ho.* vnd denen so wihr täglich ohne falsch mittheilen: Hierinn funden wir auch sein *Itinerarium* vnd *Vitam*, darauß dieses meisten theils genommen: In einem andern Kasten waren Spiegel von mancherley Thugend, also auch anderstwo Glöcklein, brennende Ampeln, sonderlich etliche wunder künstliche Gesänge, in gemein alles dahin gerichtet, daß auch nach viel 100. Jahren, da der gantze Orden oder Brüderschafft solte zu grund gehen, selber durch solch eynig Gewölb wiederumb zu *restituiren* were: Noch hatten wir den Leichnam vnsers so sorgfeltigen vnd klugen Vatters, nicht gesehen, rückten derowegen den Altar beseits, da ließ sich eine starcke Mässingen Blatten, auffheben, vnd befand sich ein schöner vnd ruhmwürdiger Leib, vnversehret, vnd ohn alle verwesung, wie derselbe hierbey auffs ehnlichste mit allem *ornat* vnd angelegten stücken, Conterfeyet zusehen, in der Hand hielt er ein Büchlein auff Bergament mit Goldt geschrieben, so *T.*

genandt, welches nunmehr nach der Bibel vnser höchster Schatz, vnd billich nicht leichtlich der Welt censur soll vnterworffen werden: Zu ende dieses Büchleins stehet folgendes *Elogium*:

*Granum pectori Jesu insitum, *)*

C. Ros. C. ex nobili, atq; splendidia Germaniae R. C. familia oriundus, Vir sui seculi, divinis revelationibus, subtilissimus imaginationibus, indefessis laboribus, ad coelestia atq; humana mysteria, arcanave, admissus, postq., suam (quam Arabico et Affricano itineribus) collegisset, plusq. regiam autimperatoriam Gazam, suo seculo nondum convenientem, posteritati eruendurri custodivisset, et jam suarum artium, ut et nominis, fidos ac conjunctissimos haeredes, instituisset, mundum minutum, omnibus motibus magno illi respondentem fabricasset, hocq., tandem praeteriatum praesentium et futurarum rerum compendio extracto, centenario major, non morbo (quem ipse nunquam corpore expertus erat, nunq., alios, infestare sinebat) ullo *pellente, sed Spiritu Dei evocante illuminatam animam (inter fratrum amplexus et ultima oscula) Creatori Deo reddidisset, Pater dilectissimus, Fr. suavissimus, praeceptor fidelissimus, amicus integerrimus, a suis ad 120. annos hic absonditus est.*

Zu vnterst hatten sich vnterschrieben:

1. Fr. l. A. Fr. C. H. electione fraternitatis caput.
2. Fr. G. V. M.P. G.
3. Fr. R. C. junior haeres S. Spiritus.
4. Fr. F. B. M. P. A. pictor et architectus.
5. Fr. G.G. M.P.I. Cabalista.

Secundi Circuli,

1. Fr. P. A. Successor Fr. l. 0. Mathematicus.
2. Fr. A. successor Fr. P. D.
3. Fr. R. successor patris C. R.C. cum Christo triumphantis.

,) Ein In das Herz Jesu gesätes Samenkorn.
Allhier Ist den Augen der Welt von seinen Freunden auf 120 Jahre entzogen worden der Leichnam des Chr. Rosenkreutz. Er war einer der vornehmen und adeligen Familie In Deutschland entsprossen und ein sehr großer Mann seines Zeitalters. Durch göttliche Offenbarungen, durch den erhabensten Unterricht und durch unermüdetes Bestreben fand er den Zugang zu allen Geheimnissen und Verborgenheiten des Himmels und der menschlichen Natur. Auf seinen Reisen nach Arabien und Afrika hatte er einen mehr als königlichen und kaiserlichen Schatz gesammelt, der aber seinem Zeitalter noch nicht angemessen war und deshalb von Ihm für eine würdigere Nachkommenschaft verborgen ward. Nachdem er dieses In Richtigkeit gebracht, treue und aufs genaueste verbundene Erben seiner großen Kenntnisse und seines Namens eingesetzt, auch eine verjüngte Welt gebauet hatte, die allen Bewegungen des großen Weltalls völlig harmonisch war, und endlldh einen zuverlässigen Auszug aller geschehenen, geschehenden und zukünftigen Begebenheiten gemacht hatte: So gab er, nachdem über Einhundert Jahre hinaus seine Wallfahrt sich erstreckt hatte, wiewohl ohne Irgend ein vorangegangenes Gebrechen und Krankheit, die er nie an seinem Leibe erfahren, auch nie

an andern geduldet hatte, sondern auf den Ruf des Geistes Gottes, seine erleuchtete Seele, unter den Umarmungen und letzten Küssen seiner Brüder in die Hand seines Gottes und Schöpfers zurück – er, unser geliebtester Vater, teuerster Bruder, getreuester Lehrer und aufrichtigster Freund.
Zu unterst hatten sich unterschrieben:

1. Br. J. A. Br. C. .H. durch die Wahl der Brüderschaft dermaliges Haupt
2. Br. G. V. M. P. G.
3. Br. R. C. der jüngere, Erbe zum heiligen Geist.
4. Br. F. B. M. P. A. Maler und Architekt.
5. Br. G. G. M. P. J. Kabballst.

Vom zweiten Kreise:

1. Br. P. A. Nachfolger.
   Br. J. 0. Mathematikus
2. Br. A. Nachfolger von Br. P. D.
3. Br. R. Nachfolger des mit Christo triumphierenden Vaters C. R. C.

Zu ende stehet:

Ex Deo nascimur,
in Jesu morimur,
per spiritum reviviscimus.

Zu Ende stehet:
Aus Gott werden wir geboren, In Jesu sterben wir, durch den heiligen Geist werden wir wieder lebendig.
(Übersetzung nach dem „Archiv für Freimaurer und Rosenkreuzer“ 1783).

Sein also schon damahln *Fr. l. 0.* vnd *Fr. D.* verschieden gewesen, wo ist nun jhr Begräbnuß zufinden? Vns zweiffelt aber gar nicht, es werde der alt Bruder *senior*, als etwas besonders zur Erden gelegt, oder vielleicht auch verborgen worden sein: Wihr verhoffen auch, es sol diß vnser Exempel andere erwecken, fleissiger jhre Nahmen, die wir darumben eröffnet, nachzufragen, vnd dero Begräbnuß nach zusuchen, dann der mehrerteil wegen der *Medicin* noch vnter vhralten Leuten bekandt vnd gerühmet werden, so möchte vielleicht vnsere *Gaza* gemehret, oder zum wenigsten besser erleutert werden: Den *minutum mundurn* belangend, funden wihr den in einem andern Altärlein verwahret, gewiß schöner, als jhn auch ein verständiger Mensch jhme selbst einbilden möchte, dene lassen wir ohn abgerissen, biß vns auff diese vnsere trewhertzige *Famam* vertrawlich geantwortet wird, also haben wihr die Platen wieder übergelegt, den Altar darauff gestellt, die Thüre wiederumb verschlossen, vnd mit vnser aller Sigill versichert, darüber auß anleytung vnd befehlch vnser *Rotae*, etliche Büchlein, darunter auch die *M.* gehören (so anstatt etlicher Haußsorge, von dem löblichen *M. P.* gedichtet worden) *evulgirt*, auch endlich, nach gewohnheit wieder von einander gezogen, vnd die natürlichen Erben in *possessione* vnserer Kleinodien gelassen: Erwarten also, was vns hierauff von Gelehrten oder Vngelehrten für ein Bescheid, Vrtheil oder *Judicium* werde erfolgen: Wiewol wir nun wol wissen, daß es vmb ein ziemliches, noch nicht an dem, da wieder unserm verlangen, oder auch anderer hoffnung, mit allgemeiner *reformation divini et humani*, solle genug geschehen, ist es doch nicht vnbillich, daß, ehe die Sonne auffgehet, sie zuvor ein hell oder dunckel Liecht in den Himmel bringt, vnd vnter dessen etliche wenige, die sich werden angeben, zusammen tretten, vnsere *Fraternitet* mit der zahl vnd ansehen vermehren, vnd des gewünschten vnd von *Fr. R. C.* fürgeschriebenen Philosophischen *Canons*, einen glücklichen anfang machen, oder ja In vnserer Schätz (die vns nimmermehr außgehen können) mit vns in Demut vnd Liebe geniessen, die mühsambkeit dieser Welt überzuckern, vnd in den Wunderwercken Gottes nicht also blind umbgehen: Damit aber auch ein jeder Christ wisse, was Glaubens vnd Vertrawens wir Leut seyen, so bekennen wihr vns zur Erkantnuß Jesu Christi, wie dieselbige zu dieser letzten zeit, besonders in Teutschland, hell vnd klahr außgangen, vnd noch heut zu Tag (ausgeschlossen aller Schwermer, Ketzern vnd falschen Propheten) von gewissen vnd ausgezeichneten Ländern erhalten, bestritten vnd *propagiert* wird, geniessen auch zweyer Sacramenten, wie die angesetzt mit allen *Phrasibus* vnd *Ceremomiis* der ersten renovirten Kirchen. In der Policey erkennen wihr das Römische Reich vnd *Quartam Monarchiam* für vnser vnd der Christen Haupt: Wiewol wir nuhn wissen, was für änderung bevorstehen, vnd dieselben andern Gottes Gelehrten hertzlichen gerne mittheilen wollen, ist diß vnser Handschrift, welche wir in Händen haben, wird vns auch kein Mensch, ohne der eynige Gott, Vogelfrey machen, vnd den Vnwürdigen zu gebrauchen geben: wir werden aber der *bonae Causae* verborgene Hülffe thun, nachdeme vns GOTT erlaubet oder wehret, dann vnser GOTT nicht blind, wie der Heyden *Fortuna*, sondern der Kirchen Schmuck, vnd des Tempels Ehre, vnser *Philosophia* ist nichts newes, sondern wie sie Adam nach seinem Fall erhalten, vnd Moses vnd Salomon geübet, also solle sie nicht viel *Dubitiren*, oder andere meinungen widerlegen, sondern weil die Wahrheit eynig, kurtz, vnd jhr selbst jmmerdar gleich, besonders aber mit *Jesu ex omni parte*, vnd allen *membris* überein kömpt, wie er des Vatters Ebenbild, also sie sein Conterfeyt ist, So sol es nicht heissen: *Hoc per Philosophiam verum est, sed per Theologiam falsum*, sondern worinnen es *Plato, Aristoteles, Pythagoras* vnd andere getroffen, wo Enoch, Abraham, Moses, Salomo den außschlag geben, besonders wo das grosse Wunderbuch die *Biblia concordiret*, das kömmet zusammen, vnd wird eine *sphera* oder *globus*, dessen *omnes partes* gleiche weite vom *Centro*, wie hiervon in Christlicher *Collation* weiter vnd außführlich: Was aber sonderlich zu vnser zeit, das gottloß vnd verfluchte Goldmachen belangt, so sehr überhand genommen, daß zuforderst vielen verlauffenen henckermässigen Leckern, grosse Büberey hierunter zutreiben, vnd vieler fürwitz vnd *Credulitet* sich mißzubrauchen anleytung geben, als auch von bescheidenen Personen nunmehr dafür gehalten wird, als ob die *mutatio metallorum* der höchste *apex* vnd *fastigium* in der *Philosophia* were, darumben alles zuthun, vnd derselbe Gott besonders lieb sein müsse, so nuhr grosse Goldmassen vnd klumpen machen köndte, dahin sie mit ohnbedachtem bitten, oder Hertzleydischen saursehen, den Allwissenden Hertzkündigern Gott verhoffen zubereden: So bezeugen wir hiermit öffentlich, daß solches falsch, vnd es mit den wahren *Philosophis* also beschaffen, daß jhnen Gold zumachen ein geringes vnd nur ein *parergon* ist, derentgleichen sie noch wol andere etlich tausend bessere stücklein haben. Vnd sagen mit vnserm lieben Vatter, *C. R. C.* Pfuh *aurum, nisi quantum aurum*, dann welchem die gantze Natur offen, der frewt sich nicht daß er 0 machen kan, oder wie Christus sagt, jhme die Teuffei gehorsamb seyen, sondern daß er siehet den Himmel offen, vnd die Engel Gottes auff vnd absteigen, vnd sein Nahmen angeschrieben Im Buch des Lebens: Wir bezeugen auch, daß vnter den Chymischen Nahmen sein Bücher vnd Figuren außkommen, *Contumeliam gloriae Dei*, wie wir solche in seiner zeit benennen, vnd den reinen Hertzen einen *Catalogum* mittheilen wollen: Vnd bitten alle Gelehrten, in dergleichen Büchern gute sorge zu haben, dann der Feind sein Vnkraut zu sähen, nicht vnterlesset, biß es jhme ein stärckerer vertreibt: Also ersuchen wir nach *Fr. C. R. C.* meinung, wihr seine Brüder, zum andernmahl alle Gelehrten in *Europa*, so diese vnsere *Famam*, (in fünff Spraachen außgesand) sampt der *Lateinischen Confession* werden lesen, daß sie mit wolbedachtem Gemüht, diß vnser erbitten erwegen, jhre Künste auffs genäest vnd schärffst examiniren, gegenwertige zeit mit allem fleiß besehen, vnd dann jhre bedencken, entweder *Communicato Consilio* oder *singulatim*, vns Schrifftlich im Truck eröffnen, dann ob wol weder wir noch vnsere Versamblung dieser zeit benennet, solle vns doch gewißlichen eines jeden (was Sprach das auch ist) *Judicium* zukommen: Es soll auch keinem, der seinen Nahmen wird angeben, fählen, daß er nicht mit vnser einem entweder Mündlich, oder da er es je bedenkens hette, Schriftlich solle zu Sprach kommen: Diß sagen wihr aber für gewiß, daß, wer es ernstlich vnd hertzlich mit vns wird meinen, der so! dessen an Gut, Leib vnd Seel geniessen, da aber ein Hertz falsch, oder nur nach Geld gerichtet, der wird vns zuforderst nicht schaden bringen, sich aber in das höchste vnd eusserste Verderben stürtzen: Es soll auch wohl vnser Gebäw, da es auch hundert tausendt Menschen hetten von nahem gesehen, der gottlosen Welt in Ewigkeit ohnberühret, ohnzerstöret, vnbesichigt, vnd wohl gar verborgen bleiben.

Sub umbra alarum tuarum Jehova.

Literaturverzeichnis

Gerhard Wehr, Die Bruderschaft der Rosenkreuzer, Edition Pleroma

Carlo Gilly, Fama Fraternitatis: das Urmanifest der Rosenkreuzer Bruderschaft, 1998 Rozekruis Pers

Horst E. Miers, Lexikon des Geheimwissens, Goldmann

Paul Foster Case, Der Wahre und Unsichtbare Orden vom Rosenkreuz, Band 1: Die Rosenkreuzer-Allegorie, Fabricia Libri

Paul Foster Case, Der Wahre und Unsichtbare Orden vom Rosenkreuz, Band 2: Die Zehn Rosenkreuzer-Grade, Fabricia Libri

Wolfram Frietsch, Die Geheimnisse der Rosenkreuzer; Ein westlicher Einweihungsweg, Rororo

Bernhard Vaillant, Westliche Einweihungslehren, Hugendubel

Bruno Nardini, Mysterien und Geheimlehren, Aurum

Hans H. Sievert, Im Zeichen von Kreuz und Rose; Zur Geschichte der Rosenkreuzer, Verlag Clemens Zerling

Dr. Hans Schick, Die geheime Geschichte der Rosenkreuzer, Ansata Verlag

Bibliotheca Philosophica Hermetica (Hrsg), Rosenkreuz als europäisches Phänomen des 17. Jahrhunderts

DDR. Michael Fischer, Universität Salzburg, Vorlesung: Das Rosenkreuzertum als kognitive Basis der Neuzeit, Wintersemester 1978/79, Institut für Kultursoziologie, phil. Fakultät

Karl R. H. Frick, Die Erleuchteten, Akademische Druck- und Verlagsanstalt Graz

Karl R. H. Frick, Licht und Finsternis, Akademische Druck- und Verlagsanstalt Graz

Karl R. H. Frick, Licht und Finsternis 2, Akademische Druck- und Verlagsanstalt Graz

Roland Edighoffer, Die Rosenkreuzer, C.H. Beck, Beck'sche Reihe Wissen

Carlos Gilly, Adam Haselmayr, Der erste Verkünder der Manifeste der Rosenkreuzer, Friedrich Fromann Verlag

Will-Erich Peuckert, Das Rosenkreuz, Erich-Schmidt-Verlag

Dr. Ferdinand Maack, Zweimal gestorben, Die Geschichte eines Rosenkreuzers aus dem XVIII. Jahrhundert, Verlag von Wilhelm Heims, Leipzig 1912

Friedrich Weinreb, Zahl Zeichen Wort, Das symbolische Universum der Bibelsprache, Thauros Verlag

Papus, Die Kabbala, Ansata Verlag

Perle Bessermann, Der versteckte Garten, Die Kabbala als Quelle spiritueller Unterweisung, Spirit Fischer

Dion Fortune, Die mystische Kabbala, Ein praktisches System der spirituellen Entfaltung, Esotera Taschenbuch

Katja Wolff, Der kabbalistische Baum, Adams Schlüssel zum Paradies, Knaur

NACHRUF

Wilhelm Raab

Großmeister in der Tradition
der Rosenkreuzer (1928-2010)

Frater Wilhelm Raab ging am 14. Mai 2010 nach einem erfüllten Leben im Alter von 82 Jahren in die Transition. Seine Geburt datierte auf den 23. April 1928 (Aszendent Fische). Auf Wunsch des Verstorbenen fand eine Trauerfeier im kleinen Kreis in einer Trauerhalle auf dem Hauptfriedhof in Baden-Baden statt. Seine Witwe Helena Raab erfüllte ihm den Willen, nur eine kurze besinnliche Stunde zu arrangieren. Gekommen waren liebevolle Verwandte und einige Getreue, die er im letzten Jahrzehnt seines Lebens in Hermetischer Philosophie unterrichtet hatte und die nun in sichtbarer Dankbarkeit symbolträchtige weiße Rosen am Sarg niederlegten. So wurde diese Feier in ihrer Ruhe und Stille etwas ganz Besonderes, erfüllt von Größe und Achtsamkeit. Ein hoher Raum eröffnete sich, als der Sohn Michael Raab seine kurze einfühlsame Ansprache mit dem Rosenkreuzergebet aus den Geheimen Figuren abrundete. Dieses R.C.-Gebet war für die Große Wandlung des erfahrenen Großmeisters von hoher Tragweite. Man konnte spüren, dass die Seele des Bruders Wilhelm Raab ihren Weg in Frieden auf anderen Ebenen fortsetzen wird.

Wenn wir dem Mystiker Frater Raab hier ein würdiges Andenken bereiten, blicken wir auf ein umfassendes Lebenswerk. Schon in früher Jugend war er ein Suchender. Nachdem er verschiedene abendländische Wege miteinander verglichen hatte, schlug sein Herz seit 1958 am eindeutigsten für das Rosenkreuzertum. Er zelebrierte bald Rituale im Logenhaus zur Einigkeit, Frankfurt am Main, zunächst im Spiegelsaal, später im Tempel. Durch seine gewinnende Heiterkeit und Besonnenheit gelang es ihm, die Logenarbeit günstig zu beeinflussen und die Zeremonien zu erleuchten. Da er aufgrund seiner Tätigkeit in einer amerikanischen Bank Kenntnisse über Administration und Akquisition erworben hatte, sorgte er seit 1964 als Archivar der Großloge für das Wohl des Ordens. Auch seine angeborene Dynamik wirkte sich segensreich aus, weshalb er 1973 zum Großmeister der deutschsprachigen Jurisdiktion berufen wurde und in enger Verbindung mit der obersten Großloge in San José stand. Der amerikanische Adept Frater Watermeyer lebte für einige Zeit in Deutschland und begann mit ihm gemeinsam Seminare über Tarot und hebräische Lettern zu geben. Der Großmeister griff damit Themen auf, die zu damaliger Zeit weltweit noch keinen Platz in seinem Orden einnahmen. Es waren sein enormer Mut und seine stoische Ruhe und Beständigkeit, die seinem Charakter das unverwechselbare Signum eines wahren Großmeisters verliehen. Wer eine Bruderschaft R.C. mit vielen Mitgliedern zu führen in der Lage ist, der weiß auch, eine Gruppe ist so gut wie das aktive Einbringen ihrer Anteile. Einsatzbereitschaft, Loyalität und Weisheit müssen die Fackel der Weisheit begleiten, sonst erlöschen die Flammen der Begeisterung. Dem Großmeister war es zu eigen, sich an diese Regeln zu halten. Auf dieser stabilen Basis hielt er viele Vorträge, veranstaltete Seminare und verfasste Schriften. Besonders die FAMA FRATERNITATIS inspirierte ihn Jahrzehnte lang. Sein Wissen darüber übermittelte er in

Kursen für die Ordensmitglieder. Rückschauend wird es offenbar: Mit sicherer Hand steuerte er die ihm anvertraute mystische Flotte bis 1999 und wurde am Ende wie Odysseus zwischen Skylla und Charybdis fast zermalmt, hat aber nun in seiner Transition heimgefunden.

Seit dem 24. Januar 2001 war er ein herausragendes Mitglied des FMG - Förderkreis für Mythologisches Gedankengut. Aus der Schatztruhe seiner Erfahrungen vermochte er als Älterer Bruder in oft nur wenigen Worten die Richtung zu weisen und Mut zuzusprechen. Das Gradsystem des dem Verein innewohnenden Templum C.R.C. fand seine volle Zustimmung in der Bemühung, konservative und tradierte Inhalte zu bewahren. Ihm war klar, in einer Zeit, die drastische Veränderungen von Ausdrucksformen aufweist, wird es um so wichtiger werden, tradiertes geistiges Labsal für diejenigen Seelen zu erhalten, die mitten in allgemeiner Orientierungslosigkeit in den Häfen der Rettung vor Anker gehen wollen. Solche Geistgemeinschaften sollten heute die Bereitschaft mitbringen, sich getrost in den äußeren Formen zu modernisieren, jedoch die Inhalte getreu der Überlieferung zu belassen. Wenn Bruder Raab anlässlich der jährlichen Feierlichkeiten des FMG-Konvents seine Vorträge in jenem Spiegelsaal hielt, in dem seine rosenkreuzerische Anbindung einst ihren Anfang nahm, war es für ihn wie ein Schließen des Kreises, und er freute sich darüber, dass Mitglieder und Gäste die Würde und die Schönheit seines mystischen Hirtenstabes dankbar in Empfang nahmen.

Möge die Seele unseres geliebten Bruders und ehrwürdigen Großmeisters jenen gesegneten Plan finden, der es ihr ermöglicht, in das Laboratorium seines Opus Magnum zurückzukehren und die innere Wesentlichkeit von Liebe, Licht und Leben für immer ihr Eigen nennen. Dies wünschen die Fratres und Sorores des Templum C.R.C., sie tragen sein mystisches Erbe weiter und verbleiben in dankbarer Erinnerung.

Frankfurt am Main, Mai 2010
Gabriele Quinque
Templum C.R.C.

Gerhard Wehr

Die Bruderschaft der Rosenkreuzer

Die Originaltexte

»Darauf rüstete ich mich auf den Weg, zog meinen weißen Leinenrock an, umgürtete meine Lenden mit einem blutroten Band, kreuzweise über die Schultern gebunden. Auf meinen Hut steckte ich vier rote Rosen ...«

Die Chymische Hochzeit (1616)

Seit Jahrhunderten ranken sich Legenden um die geheimnisumwitterten Rosenkreuzer, vieles ist Spekulation, anderes trifft den Kern. Die originalen Manifeste der Rosenkreuzer sind wie folgt benannt: Fama Fraternitatis (1614), Confessio Fraternitatis (1615) und Chymische Hochzeit Christiani Rosenkreuz: Anno 1459 (1616). Sie sind in erster Linie Dokumente eines nach Innerlichkeit strebenden Glaubens. Der bekannte Autor Gerhard Wehr führt in die Grundzüge der zu Beginn des 17. Jahrhunderts entstandenen geistigen Bewegung unter dem Signum von Rose und Kreuz ein und präsentiert ihre Texte in unverstellter Gestalt, ergänzt um Goethes motivisch verwandtes Gedichtfragment »Die Geheimnisse«.

ISBN 978-3-939647-30-0
Paperback
264 Seiten
€ 24,00

Versand portofrei
innerhalb von zwei Tagen

Edition Pleroma
Marktstraße 132
60388 Frankfurt

Tel: 06109-723579
www.edition-pleroma.de

August Horneffer

Symbolik der Mysterienbünde

Erst dort wo die Lehre aufhört,
Lehre zu sein und Erlebnis wird,
wo das Wort zum Bild,
der Gedanke zum Symbol wird,
fängt das Geheimnis an.

August Horneffer

Dieser grandiose Klassiker von 1916 nimmt sich mit Einsicht der Symbolhandlungen abendländischer Hochgrad-Weihen an, wie sie in den Gradsystemen der Freimaurer und initiatisch wirkender Rosenkreuzer zur Anwendung kommen. Der Freimaurer August Horneffer offenbart dem Leser Gedanken von Getragenheit und Würde. Umfassend gedeutet werden Tempelarbeiten wie Lichteinbringung, Namensgebung, Einkleidung, Salbung sowie die Heiligen Eide und das Brudermahl. Die Erkenntnisse, die ein Mysterienbund in traditioneller Logenarbeit weitergibt, erstrecken sich auf alle Seinswelten und reichen weit über das persönliche Dasein hinaus. Der Verfasser schlägt einen Bogen von den Kulten der Antike bis in die Neuzeit und stellt unter Beweis, wie alle traditionellen Geheimbünde dasselbe Thema tragen – die geistige Wiedergeburt und die daraus erfolgende Zugehörigkeit zur kosmischen Union. Hinter einem Ritualbeamten, der die Weihe vollzieht, steht ein unsichtbar wirkender Meister. Über dem Bundestempel erhebt sich der große, bis in das Ungemessene sich ausdehnende All-Tempel, und das ist der Ort der wahren Menschwerdung.

ISBN 978-3-939647-02-7
Hardcover
274 Seiten
€ 26,90

Versand portofrei
innerhalb von zwei Tagen

Edition Pleroma
Marktstraße 132
60388 Frankfurt

Tel: 06109-723579
www.edition-pleroma.de

Martin Zichner

Morgenrot über Christianopolis

Auf der Spur utopischer Staatsideen

Beginne zunächst damit,
das Nötigste zu tun.
Dann tue das Mögliche.
Und plötzlich tust du das Unmögliche.
Franz von Assisi

Der Autor beschreibt eine sorgfältig recherchierte Zusammenfassung aller Schriften, die von der Gottesbürgerschaft künden. Schon auf den ersten Seiten erfreut diese jugendlich frisch formulierte Einladung zu einer Städtereise in das Land Utopia. Alle tradierten Versionen der Gottesstaaten von der Antike bis zur Neuzeit finden Erwähnung. Zudem wird Wert darauf gelegt, das Ganze auch für Einsteiger verständlich zu gestalten. Also bindet der Verfasser die Vielfalt der anspruchsvollen Werke in leichte Dialoge von Jugendlichen, die sich auf eine ungewöhnliche Entdeckungsreise begeben haben. Zu viert spekulieren sie, was uns die Urheber mit ihren Schriften nahebringen wollten. Dem Leser bietet diese Dramaturgie viel Raum zum Kennenlernen, Mitdenken und Weiterforschen. Solche wundervollen Sonnenstädte bleiben unerreichbar für profane Weltenbummler. Um in der Gottesbürgerschaft anzukommen, muss der Suchende ein Philosoph geworden sein, dem Einlass gewährt worden ist in der solaren Stadt, in der alles, was geschieht, aus der Kraft der Gottesnähe bestimmt und geordnet wird.

ISBN 978-3-939647-62-1
Hardcover
322 Seiten

Versand portofrei
innerhalb von zwei Tagen

Edition Pleroma
Marktstraße 132
60388 Frankfurt

Tel: 06109-723579
www.edition-pleroma.de